순희엄마가 알려주는
맛보장 반찬 레시피

엄마의 가정식

순희엄마가 알려주는
맛보장 반찬 레시피

엄마의 가정식

오순희 지음

싸이프레스

    안녕하세요, 유튜브 '엄마의 가정식' 채널의 순희엄마입니다. 저는 종갓집에서 장녀로 태어나 어린 동생들을 챙기며 요리를 시작했어요. 결혼을 해서도 가족들을 위해 행복하게 매일 요리를 했지요.

    40년이 넘는 세월 동안 요리를 해오면서, 지금은 사람들이 점점 잊고 있는 가정식 레시피들을 알려주고 싶은 마음이 들었답니다. 어떻게 해야 할까 고민을 하고 있을 때 아들이 유튜브로 레시피를 올리는 일을 도와주겠다고 했어요. 그렇게 시작한 유튜브 영상의 레시피들이 요리책으로 나오다니, 오랜 시간이 걸렸지만 맛있는 레시피들을 더 많은 분들께 보여줄 수 있게 되어 감회가 새로워요.

    매일 해 먹는 요리를 배울 시간조차 없는 사람들이 많지요. 특히 혼자 자취하는 젊은 친구들을 생각하면 마음이 안타까워요. 따끈따끈한 밥상을 차려줄 수는 없지만 쉽고 맛있는 레시피들을 조금이나마 알려주고 싶었답니다.

    요즘은 유튜브에 올렸던 레시피를 따라 해본 분들이 보내오는 후기들을 하나하나 다시 읽고 있어요. 아이들이 엄마아빠를 위해 요리를 하기도 하고, 자취를 하며 엄마

손맛이 생각나서 반찬을 따라 만들기도 하며, 가족을 위해 매일 식탁을 차리는 데 도움을 받고 있다는 분들도 있어요. 후기들을 읽으면 더 열심히 레시피를 소개해야겠다는 생각에 절로 힘이 납니다. 계절이 흐르는 때에 맞춰 제철 식재료들로 만든 반찬을 공유하는 재미도 쏠쏠해요. 비록 직접 만나지는 못하지만 음식에 따뜻한 정과 손길을 담아서 영상을 통해 고스란히 전달해드리고 싶습니다.

조금 더 많은 분들이 건강하고 소중한 한끼 식사를 했으면 하는 마음으로 이 책을 준비했습니다. 간단한 반찬부터 든든한 밑반찬, 계절별 나물 요리, 푸짐한 반찬, 인기 있는 간식, 한 그릇 요리까지 골고루 레시피들을 소개해요. 예전부터 아이들이 "엄마 음식이 제일 맛있어요!" 했던 노하우를, 친척들과 집안 행사를 할 때마다 "음식이 참 간조롱하고 맛있네요!" 하던 비법을 꾹꾹 눌러 담았답니다. 누구나 금방 요리를 따라 할 수 있도록 최대한 쉽게 정리했으니, 엄마가 차려주던 밥상이 생각날 때 하나씩 만들어보세요. 항상 따뜻한 밥 잘 챙겨드시기를 응원하겠습니다.

오순희

Contents

- **004** Prologue
- **012** 이 책에서 사용한 양념
- **015** 손쉬운 계량
- **016** 재료의 썰기

PART 1 | 조회 폭발! 인기 폭발! 엄마의 베스트 **인기 반찬**

- **020** BEST 1 윤기가 자르르 흐르는 우엉조림
- **022** BEST 2 급식 스타일 달걀찜
- **024** BEST 3 고소한 밑반찬 끝판왕! 오징어실채볶음
- **026** BEST 4 겨울철 별미 샤부샤부
- **028** BEST 5 끝까지 바삭바삭 맛있는 고구마튀김
- **030** BEST 6 겉은 바삭, 속은 촉촉한 가지튀김
- **032** BEST 7 얼큰한 전주식 콩나물국밥
- **034** BEST 8 딱딱하지 않은 고추장멸치볶음
- **036** BEST 9 고소하고 든든한 소고기볶음밥
- **038** BEST 10 간식으로 딱 좋은 감자고로케
- **040** BEST 11 신선하고 간단한 육회
- **042** BEST 12 아삭함이 살아 있는 말린 호박나물
- **044** BEST 13 바삭 짭쪼름한 별미 반찬 명태껍질볶음
- **046** BEST 14 집에서 쉽게 만드는 멘보샤

048	BEST 15	부드러움이 돋보이는	콩자반
050	BEST 16	채소가 듬뿍!	춘천닭갈비
052	BEST 17	떡볶이 양념의 황금 비율!	쌀떡볶이
054	BEST 18	식어도 쫄깃쫄깃 맛있는	고추장떡
056	BEST 19	입 안에서 살살 녹는	고구마샐러드
058	BEST 20	깔끔하고 진한 국물	소고기국수

PART 2
오늘의 반찬 걱정을 싹 덜어내는
맛보장 밥반찬

무침
조물조물
무치기만 하면
완성!

- **062** 부추무침
- **064** 묵은지무침
- **066** 오이달래무침
- **068** 김무침
- **070** 매운 콩나물무침
- **072** 오징어초무침
- **074** 시금치무침
- **076** 방풍나물무침
- **078** 쑥갓무침
- **080** 마늘종무침

볶음
**휘리릭,
따끈따끈한
반찬을
만들어요**

082	어묵간장볶음
084	고사리볶음
086	감자채볶음
088	애호박볶음
090	가지볶음
092	브로콜리새송이볶음
094	소고기청경채볶음
096	마늘종새우볶음
098	고구마줄기볶음
100	주꾸미삼겹살볶음

조림&찜
**깊은 맛 가득!
자작한 국물에
밥도 비벼요**

102	두부조림
104	순두부달걀찜
106	새송이버섯조림
108	무조림
110	감자조림
112	소고기메추리알장조림
114	소고기가지찜
116	항정살된장조림
118	코다리조림
120	삼치간장조림

전&구이
지글지글한 소리가 식욕을 돋우는

- 122 배추전
- 124 깻잎전
- 126 애호박전
- 128 육전
- 130 갈랍전
- 132 크래미팽이버섯전
- 134 어묵고추전
- 136 파산적
- 138 참치김치부침개
- 140 더덕구이

PART 3
하나만 있어도 푸짐하고 근사한
메인 반찬

- 144 월남쌈
- 146 청포묵무침
- 148 해파리냉채
- 150 꼬막무침
- 152 두부김치

154	두부강정
156	잡채
158	언양불고기
160	돼지불백
162	콩나물불고기
164	스팸돈가스
166	닭봉구이
168	차돌박이편백찜
170	소고기미트볼
172	LA갈비
174	오징어순대
176	닭곰탕
178	버섯들깨탕

PART 4 | 한 번 만들면 일주일이 든든한 **밑반찬**

182	진미채간장볶음
184	진미채고추장볶음
186	황태채볶음
188	뼈쥐포볶음

190	견과류멸치볶음
192	건새우볶음
194	미역줄기볶음
196	시래기볶음
198	말린 고구마줄기나물
200	말린 가지나물
202	무말랭이무침
204	병아리콩조림
206	스팸양념고추장
208	풋마늘대장아찌

PART 5 밥과 반찬을 동시에 해결하는 한 그릇 요리

212	채소죽
214	도토리묵밥
216	소고기콩나물밥
218	가지밥
220	모짜렐라치즈김치볶음밥
222	꼬마김밥
224	김치비빔국수
226	장칼국수

이 책에서 사용한 양념

집 반찬을 만들 때 필요한 양념들을 소개할게요. 이 양념들만 있으면 언제든 맛있는 반찬을 간단히 만들 수 있답니다. 대부분 집에 이미 갖추고 있을 테지만 없을 경우 대체할 양념도 알려드려요.

① 된장
한식에서 빠질 수 없는 대표 양념이에요. 콩으로 만든 메주를 소금물에 발효시켜서 만들어요. 요즘에는 건강을 생각해서 저염식으로 만든 된장도 많이 판매되고 있습니다. 구수함과 감칠맛이 뛰어나서 신선한 나물 요리에 자주 사용돼요.

② 고추장
고춧가루와 찹쌀가루를 발효한 장으로, 유산균이 풍부해서 건강에도 좋아요. 주로 매콤한 무침이나 찌개에 넣어요. 가정식에서는 대부분의 매운 요리에 고추장이 들어갑니다. 많이 넣으면 텁텁해질 수 있으니 주의하세요.

③ 진간장
이 책에 '간장'으로 표기된 양념은 진간장이에요. 저는 요리할 때 주로 샘표에서 나온 진간장을 씁니다. 콩을 발효해서 감칠맛이 좋고 무침이나 볶음 요리에 잘 맞기 때문에 자주 사용하고 있어요.

④ 국간장
국간장은 요즘 따로 제품으로도 판매되고 있지만 예전에는 흔히 집에서 만들어 먹는 간장이어서 '집간장'이라고 불렸어요. 전통 방식으로 만든 간장이라고 해서 '조선간장'이라고도 불린답니다. 염도가 높아서 반찬을 만들 때는 사용하지 않는 게 좋아요. 국이나 탕, 찌개를 끓일 때 사용하세요.

⑤ 굴소스
굴과 굴에서 나온 진한 국물을 곱게 갈고 간장, 전분, 감미료 등과 혼합한 다음 걸쭉하게 만든 양념입니다. 특히 볶음 요리에 많이 사용합니다. 여러 감미료가 들어가 있어서 요리에 넣으면 풍성한 맛을 낼 수 있어요.

⑥ 매실액
봄에 수확한 매실을 설탕과 1:1 비율로 담가서 매실청으로 숙성시켰을 때 분리된 액체를 가리켜요. 보통 2주가 지나면 발효가 끝나서 매실액과 매실을 분리하고, 매실액만 따로 용기에 담아서 양념으로 사용해요. 단맛과 매실 향이 나서 설탕 대신 무침이나 볶음 요리에 넣으면 좋아요.

⑧ 유자청
유자청은 차로 마시는 대신 잡내를 제거하는 목적으로 음식에도 넣습니다. 고기나 생선 요리에 사용해요. 저는 진미채볶음을 할 때 유자청을 넣는데 진미채의 비린내를 제거해주고, 새콤달콤한 향과 맛을 더해준답니다. 없으면 설탕이나 올리고당을 넣어요.

⑨ 올리고당
올리고당은 단맛을 내지만 칼로리가 적은 편이라 설탕 대체제로 많이 사용합니다. 약간의 코팅 효과와 윤기를 내는 효과가 있어 기름진 음식이나 국물을 자작하게 졸이는 조림에 넣으면 좋아요. 단, 고열에 오래 가열하면 단맛이 날아가서 국이나 찌개엔 사용하지 않아요.

⑩ 멸치액젓
멸치액젓은 흔히 김치에만 넣는다고 알고 있지만 나물이나 국물 요리에도 사용됩니다. 특히 해산물이 들어간 음식에 넣으면 시원한 맛을 더 극대화할 수 있어요. 멸치액젓이 없으면 까나리액젓이나 참치액을 넣어도 좋아요.

⑪ 참치액
참치 엑기스로 감칠맛이 굉장히 풍부해서 국, 찌개에 항상 들어가는 양념입니다. 반찬을 만들 때는 콩나물무침, 시금치무침, 꼬막무침 같은 무침류나 고구마줄기볶음, 어묵볶음, 멸치볶음에도 자주 사용됩니다. 달걀찜에 참치액을 1큰술만 넣어도 감칠맛이 확 달라져요.

⑫ 식초 & 2배 식초
식초와 2배 식초는 이름에서 드러나듯 산도가 달라요. 식초의 산도는 6.5~7%, 2배 식초의 산도는 13~14% 정도입니다. 평소에는 식초를 사용하고, 초고추장이나 물기가 적어야 하는 요리 또는 더 강한 산도가 필요한 요리에는 2배 식초를 넣어요. 절임과 장아찌를 만들 때도 2배 식초를 사용해요.

⑬ 맛술
맛술은 잡내와 비린내를 없애려고 고기나 해산물 요리에 넣어요. 알코올을 발효시켜 만든 식초로 '요리술'이라고 불리기도 합니다. 조리할 때 알코올이 열에 가열되면 요리에 향이 남지 않아요. 맛술이 없으면 미림을 사용해요. 미림은 당도와 알코올 함량이 맛술보다 높지만 시판 제품 중에서는 미림에 맛술이라고 이름 붙여서 판매될 정도로 큰 차이는 없어요.

⑭ 고춧가루
말린 고추를 곱게 빻아서 만든 고춧가루는 한식의 기본 양념입니다. 흔히 밥상에 올라오는 요리들에 쓰이는데, 빨간색을 내는 요리에는 빠짐없이 들어가요. 보통 매운 고추와 일반 고추로 만든 고춧가루로 분류되니, 선호하는 정도로 매운맛을 내는 고춧가루를 선택하세요.

⑮ 설탕
단맛을 낼 때 꼭 넣는 설탕. 짠맛과 단맛의 조화를 위해 김치를 볶을 때도 설탕을 조금 넣는데, 이렇게 거의 대부분의 음식에 들어간다고 생각하면 돼요. 설탕은 크게 백설탕, 황설탕, 흑설탕으로 나뉘는데 당분과 맛이 조금씩 달라요. 백설탕은 잘 녹고 음식의 색을 변화시키지 않아서 가장 많이 쓰입니다.

⑯ 소금
요리를 할 때는 일반 소금과 천일염을 사용합니다. 일반 소금은 적은 양을 넣어도 짠맛을 강하게 내는 특징이 있어서 대부분의 요리에 넣어요. 천일염은 일반 소금보다 가공을 덜 해서 만들기 때문에 미네랄이 풍부하고 더 다양한 맛을 냅니다. 하지만 천일염은 간이 약해서 국이나 탕에는 넣지 않고, 간단한 나물 무침이나 구이 등에 사용해요.

⑰ 식용유
식용유는 높은 온도에서 재료를 볶거나 튀길 때 써요. 특히 튀김을 할 때는 콩으로 만든 식용유를 사용해야 합니다. 식용유에는 여러 종류가 있는데 그중 해바라기씨유나 포도씨유는 발연점이 낮아서 구이를 할 때는 괜찮지만 튀김처럼 고온으로 조리할 경우에는 발암 물질이 생성될 수 있으니 주의해야 돼요.

⑱ 올리브유
올리브 열매에서 추출한 기름으로, 가장 오래된 기름이기도 하고 과거에는 의료용으로도 사용되었다고 해요. 좋은 지방 성분이 들어 있지만 올리브유도 발연점이 낮아서 재료가 금방 타기 때문에 볶음이나 튀김 요리에는 넣지 않는 게 좋아요. 가볍게 재료를 무치거나 낮은 온도로 조리하는 요리에 사용하세요.

⑲ 참기름
참깨를 압착해서 만든 기름으로, 굉장히 고소한 맛과 향이 납니다. 한식에서 참기름은 빼놓을 수 없는 양념이에요. 거의 모든 반찬에 참기름을 넣을 정도니까요. 참기름도 볶거나 튀기는 용도의 기름이 아닙니다. 요리가 거의 끝나는 단계에서, 마지막에 1큰술을 넣고 버무려서 맛과 향을 더해주는 양념으로 사용하곤 합니다.

⑳ 들기름
들깨에서 추출한 기름이에요. 농축된 정도가 굉장히 진하고, 참기름보다 조금 더 강한 맛이 나며, 색깔과 고소함이 더 진합니다. 참기름과 마찬가지로 요리의 마무리 단계에서 넣는 양념이에요. 들기름은 주로 낮은 온도로 볶는 요리나 말린 나물 반찬을 만들 때 사용해요. 우엉이나 더덕처럼 살짝 쓴맛을 지닌 식재료를 조리할 때 넣으면 특유의 쓴맛이 제거됩니다.

⑳ 후춧가루
통후추 열매를 갈아서 만든 향신료로, 전 세계에서 가장 많이 쓰는 향신료 중 하나입니다. 한식에서는 밑간을 할 때 자주 사용해요. 고기의 잡내를 없애주는 역할을 해서 돼지불백이나 불고기 등 고기를 요리할 때 꼭 들어간답니다.

⑳ 통깨
참깨를 볶은 것이 통깨예요. 통깨는 보통 고소함을 더하기 위해 조리를 마치고 마지막에 뿌려줍니다. 톡톡 씹히는 맛이 무척이나 좋아요. 통깨를 곱게 빻으면서 소금을 더하면 깨소금이 되는데, 깨소금은 통깨보다는 조금 더 부드러운 맛을 내고 싶을 때 사용해요.

⑳ 들깨가루
통통하고 동글동글한 들깨를 곱게 간 가루입니다. 들깨가루는 고사리볶음이나 말린 호박나물처럼 구수하면서도 고소한 맛을 내는 반찬에 주로 쓰여요. 살짝 걸쭉한 국물 요리를 만들 때도 쓰이고요. 들기름과 마찬가지로, 고온으로 조리하는 요리에는 넣지 않는 게 좋아요.

손쉬운 계량

요리를 할 때 계량스푼과 계량컵이 있으면 편하지만 없으면 일반 밥숟가락과 종이컵을 사용해요. 요리용으로 밥숟가락을 하나 정해서 사용하세요. 1큰술은 밥숟가락을 소복하게 채워서 담았을 때를 가리키는데 9ml 정도고, 1컵은 종이컵을 가득 채웠을 때를 가리키는데 200ml 정도가 돼요.

① 장류

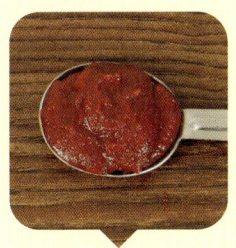
1큰술

1/2큰술

② 액체류

1큰술

1/2큰술

1컵

1/2컵

② 가루류

1큰술

1/2큰술

재료의 썰기

식재료를 써는 모양도 중요해요. 단순히 모양이 예뻐야 하는 이유는 아니에요. 균일한 모양으로, 비슷한 크기로 썰어야 양념과 간이 골고루 배고 식재료가 지닌 맛이 극대화된답니다. 또한 요리마다 각자 어울리는 모양으로 썰거나 조리하기 편한 모양으로 써는 게 좋아요.

① 슬라이스하기
'통으로 썰기'라고도 불리는 슬라이스하기는 재료를 일정한 두께로 써는 방법이에요. 한손으로 재료를 가볍게 눌러서 고정하고, 끝에서부터 균일하게 너비를 맞춰서 썰어요.

② 반달 썰기
슬라이스한 재료를 절반으로 자르는 방법이에요. 주로 원통형 재료에 사용하는 썰기여서 하늘에 뜬 반달처럼 한쪽은 둥글고, 잘라낸 쪽은 직선인 모양이에요.

③ 편으로 썰기
재료의 원래 모양을 그대로 살려서 얇은 두께로 자르는 방법을 가리켜요. 특히 마늘은 편으로 자주 썰어요.

④ 채 썰기
슬라이스하거나 편으로 썬 재료들을 가지런히 모아서 다시 긴 막대기 모양으로 써는 방법입니다. 재료를 볶을 때 주로 채 썰기를 하는데, 그러면 빠르게 골고루 잘 익어요.

⑤ 어슷하게 썰기
오이나 당근, 고추 등 얇고 길쭉한 식재료를 손질할 때 사용하는 썰기 방법이에요. 어슷하게 사선으로 썰면 칼질을 하기 편하고, 재료의 단면이 커져서 특유의 맛과 향이 더 잘 우러나요.

⑥ 송송 썰기
대파나 고추 등 고명으로 사용하는 향신채는 송송 썰기를 자주 해요. 재료의 모양과 식감을 살리고 풍성한 느낌으로 요리해야 할 때, 기름에 재료의 향을 입혀야 할 때 송송 썰기를 하면 좋아요.

⑦ 깍둑 썰기
깍두기를 담글 때처럼 작은 사각형으로 재료를 손질할 때 깍둑 썰기를 합니다. 원하는 두께로 슬라이스한 다음 바둑판 모양으로 칼질을 해요. 요리를 먹을 때 한입에 들어가는 크기가 되도록 써는 게 포인트예요.

⑧ 돌려 깎기
오이처럼 긴 원통형 재료에 자주 사용하는 썰기예요. 재료의 껍질까지 활용하거나 껍질과 내용물을 따로 사용하는 경우에 돌려 깎기를 해요. 적당한 길이로 자른 다음 포를 뜨듯이 껍질을 얇게 깎아내요.

⑨ 다지기
재료를 거의 씹히지 않을 정도의 크기로 써는 방법이에요. 주로 죽이나 양념을 만들 때 다지기를 해요. 대파나 고추처럼 길고 얇은 재료는 송송 썰기를 할 때보다 너비를 더 좁게 해서 썰고, 감자나 당근처럼 단단하고 큰 재료는 채 썰기를 한 다음 가지런히 모아서 잘게 썰어요.

PART 1

조회 폭발! 인기 폭발! 엄마의 베스트 **인기 반찬**

누적 조회수 1000만! 가장 있기 있는 엄마표 반찬들을 살펴볼까요?

PART **1** 조회 폭발! 인기 폭발! 엄마의 베스트 인기 반찬

윤기가 자르르 흐르는
우엉조림

쌀쌀한 가을이 되면 생각나는 대표적인 뿌리 채소, 우엉.
350만 명이 극찬한 우엉조림 레시피를 소개합니다!

재료

우엉 2대(400g), 간장 5큰술, 올리고당 4큰술, 설탕 2큰술, 들기름 1큰술, 통깨 약간, 물 2와 1/2컵(500ml)

만들기

1. 손질하기 좋은 크기로 우엉을 자른 다음 칼등으로 껍질을 벗겨내요.

2. 우엉을 5~7cm로 잘라요. 3mm 두께로 채 썰어요.

3. 우엉을 찬물에 5분간 담갔다가 건지고, 체에 받쳐 물기를 빼요.

4. 센 불에 오목한 팬을 올리고 들기름을 둘러요. 우엉을 넣고 겉이 살짝 투명해질 때까지 볶아요.

5. 간장과 물을 붓고 중간 불로 낮춰서 뚜껑을 닫은 채 15분간 졸여요.

6. 뚜껑을 열고, 설탕과 올리고당을 넣어요. 국물이 거의 보이지 않을 때까지 볶으며 졸여요.

7. 불을 끄고 뜨거울 때 통깨를 넣고 버무려요.

엄마의 손맛 TIP

- 우엉은 흙만 깨끗이 씻어내고 사포닌이 풍부한 껍질째 먹어도 좋아요. 껍질을 벗길 때 필러를 쓰면 살까지 깎여나가니 칼등으로 지저분한 부분만 살살 긁어내요.
- 들기름에 볶으면 식촛물에 우엉을 담그지 않아도 아린 맛이 사라져요.
- 올리고당을 넣어야 윤기가 자르르 흘러요.
- 뜨거울 때 통깨를 넣어서 버무려야 겉돌지 않고 우엉에 잘 달라붙어요.

PART **1** 조회 폭발! 인기 폭발! 엄마의 베스트 인기 반찬

BEST 2

급식 스타일
달걀찜

학교에서 먹던 급식의 달걀찜이 그리울 때가 있죠?
인기 급상승 동영상 2위에 올랐던 추억의 반찬을 만들어봐요.

재료

달걀 6개, 당근 1/4개(20g), 쪽파 3줄기, 맛술 1큰술, 소금 1/2큰술, 식용유 약간, 물 3/4컵(150ml)

만들기

1. 당근은 채 썬 다음 가지런히 모아서 잘게 다지고, 쪽파는 송송 썰어요.

2. 볼에 달걀을 깨뜨려 넣고, 맛술과 소금을 넣어요. 거품기나 포크로 풀어서 달걀물을 만들어요.

3. 다른 볼에 체를 올려요. 달걀물을 체에 붓고 숟가락으로 저으며 걸러요. 당근과 쪽파, 물을 넣고 섞어요.

4. 내열 용기에 식용유를 두른 다음 키친타월로 바닥면을 닦아내듯 문질러서 골고루 발라요. 달걀물을 부어요.

5. 센 불에 오목한 팬을 올리고 절반 높이 정도로 물을 부어요. 물이 끓어오르면 내열 용기를 팬에 넣고 뚜껑을 닫은 채 20분간 중탕해요.

6. 젓가락으로 찔렀을 때 달걀물이 묻어나오지 않으면 불을 끄고, 내열 용기를 꺼내요.

7. 내열 용기를 도마에 뒤집어서 달걀찜을 꺼내고, 네모로 잘라요.

3-1

3-2

4-1

4-2

5

6

엄마의 손맛 TIP

- 숟가락 뒷면으로 껍질을 톡 치면 달걀을 깨뜨리기 쉬워요.
- 팬 바닥에 깨끗한 행주나 키친타월을 깔고 내열 용기를 올리면 중탕할 때 미끄러지지 않아요.
- 중탕한 내열 용기는 뜨거우니 두꺼운 장갑을 끼고 팬에서 꺼내요.

PART 1 　조회 폭발! 인기 폭발! 엄마의 베스트 인기 반찬

고소한 밑반찬 끝판왕!
오징어실채볶음

반찬계의 스테디 메뉴, 오징어실채볶음을 소개합니다.
비린내 없이 달콤하면서 짭쪼름하게 완성하는 꿀팁이 담겼어요.

재료

오징어실채 120g, 식용유 1큰술, 참기름 1큰술, 통깨 약간

양념

간장 1큰술, 올리고당 1큰술, 매실액 1큰술, 맛술 2큰술, 설탕 1/2 큰술

만들기

1. 오징어실채를 가위로 듬성듬성 자르고, 손끝으로 조금씩 쥐고 들어 올리면서 부스러기를 털어내요.

2. 약한 불에 프라이팬을 올리고 식용유를 둘러요. 오징어실채를 넣고 젓가락으로 풀어주듯이 섞으며 노르스름해질 때까지 볶은 다음 덜어둬요.

3. 키친타월로 팬을 닦아낸 다음 약한 불에 올려요. 양념 재료를 모두 넣고 섞어요.

4. 양념이 끓어오르면 불을 끄고 오징어실채를 넣어요. 젓가락으로 살살 버무린 다음 참기름과 통깨를 넣고 버무려요.

- 식용유에 오징어실채를 코팅하듯 볶으면 비린내가 사라지고 바삭해져요. 타지 않도록 약한 불에 볶아요.
- 맛술 대신 미림을 넣어도 좋아요.

PART 1 　조회 폭발! 인기 폭발! 엄마의 베스트 인기 반찬

겨울철 별미
샤부샤부

따끈따끈한 국물이 떠오르는 날, 냉장고 속 채소들을 활용해봐요.
감칠맛 나는 육수부터 샤부샤부가 더욱 맛있어지는 소스까지 알려드려요.

재료

우동사리 1봉지, 샤브샤브용 소고기(우둔살) 300g, 배추잎 5장, 청경채 1줌(200g), 쑥갓 5줄기, 부추 4줌(80g), 느타리버섯 1팩(200g), 팽이버섯 1봉지, 숙주 1/2봉지(200g), 다진 마늘 1큰술

육수

무 1/3개, 양파 1/2개, 대파 1대, 국물용 멸치 1/2줌(10마리), 다시마(사방 10x20cm) 2장, 국간장 2큰술, 맛술 1큰술, 후춧가루 약간, 물 9컵(1.8L)

소스

청·홍고추 1개씩, 육수 1큰술, 간장 3큰술, 식초 1큰술, 설탕 1큰술, 연겨자 약간

만들기

1. 냄비에 물을 부어요. 무와 양파를 큼직하게 썰고, 대파는 4등분해서 넣어요. 국물용 멸치와 다시마도 넣고, 5분간 끓이다가 다시마를 건져낸 다음 10분 더 끓여서 육수를 만들어요.

2. 국간장과 맛술, 후춧가루를 넣고 간을 맞춘 다음 건더기를 모두 건져내요.

3. 양파는 채 썰어요. 배추 잎은 가로로 반을 자른 다음 먹기 좋은 크기로 자르고, 청경채는 큰 잎은 떼고 밑동을 4등분해서 줄기를 찢어요. 쑥갓은 밑동을 자르고, 부추는 적당한 길이로 썰어요. 느타리버섯과 팽이버섯은 밑동을 자른 다음 흐르는 물에 씻어서 가닥가닥 나눠요.

4. 청·홍고추는 길게 자른 다음 잘게 다져요. 작은 볼에 청·홍고추를 넣고 나머지 재료도 모두 넣고 섞어서 소스를 만들어요.

5. 전골 냄비에 손질한 채소를 빙 둘러 담아요.

6. 가운데에 숙주와 소고기를 소복하게 올려요. 육수를 붓고, 센 불에서 끓여요. 다진 마늘을 넣고, 채소가 익으면 우동사리를 넣어요. 건더기를 소스에 찍어 먹어요.

- 취향에 따라 소스에 넣는 연겨자와 청·홍고추의 양을 조절해요.
- 신선한 달걀노른자를 풀어서 건더기를 찍어 먹어도 맛있어요.

PART **1** 조회 폭발! 인기 폭발! 엄마의 베스트 인기 반찬

끝까지 바삭바삭 맛있는
고구마튀김

구하기 쉽고 손질도 쉬운 고구마로
겉은 바삭하고 속은 촉촉한 튀김을 뚝딱 만들어볼까요?

재료

고구마 2개, 튀김가루 1컵(200g), 감자전분 2큰술, 식용유 적당량, 물 1컵(200ml), 각얼음 20조각

만들기

1. 고구마를 깨끗이 씻은 다음 필러로 껍질을 벗겨요. 3~5mm로 슬라이스해요.

2. 비닐봉지에 고구마와 튀김가루 2큰술을 넣고, 봉지 입구를 손으로 잡은 채 튀김가루가 골고루 묻도록 흔들어요.

3. 볼에 나머지 튀김가루와 감자전분, 물, 각얼음을 넣고 덩어리가 사라질 때까지 섞어서 반죽을 만들어요. 반죽을 떠 올렸을 때 뚝뚝 떨어지는 농도가 적당해요.

4. 오목한 팬에 식용유를 붓고, 센 불로 가열해요. 반죽을 몇 방울 떨어뜨렸을 때 바로 떠오르면 튀기기 적당한 온도(160~180℃)가 된 것이에요.

5. 고구마를 반죽에 담갔다 빼요.

6. 팬에 고구마를 하나씩 넣고, 겉면이 노릇해질 때까지 튀긴 다음 건져요.

- 비닐봉지에 튀길 재료와 튀김가루를 넣고 버무리면 튀김가루를 깔끔하게 묻힐 수 있어요.
- 간장 1큰술, 식초 1/2큰술, 미림 1큰술, 통깨 약간, 물 1큰술을 섞어서 만든 초간장을 곁들여요.

PART 1 조회 폭발! 인기 폭발! 엄마의 베스트 인기 반찬

겉은 바삭, 속은 촉촉한
가지튀김

바삭하면서 부드러운 스타일로 완성한 가지튀김.
그냥 먹어도 맛있고, 초간장에 찍어 먹어도 맛있어요.

재료

달걀 2개, 가지 2개, 밀가루 1/3컵(70g), 빵가루 1컵(200g), 식용유 적당량, 소금 1꼬집, 후춧가루 약간

만들기

1. 가지는 꼭지를 잘라내고, 꽃받침을 떼어낸 다음 씻어요. 5mm로 어슷하게 썰어요.

2. 트레이에 가지를 올리고, 키친타월로 닦아서 물기를 없애요. 후춧가루를 솔솔 뿌려요.

3. 납작한 그릇에 달걀을 깨뜨려 넣고, 소금을 넣어요. 거품기나 포크로 풀어서 달걀물을 만들어요.

4. 납작한 그릇에 밀가루와 빵가루를 각각 부어요.

5. 가지 양면에 밀가루를 살짝 묻힌 다음 달걀물에 담갔다 빼서 마지막으로 빵가루를 입혀요.

6. 오목한 팬에 식용유를 붓고 센 불로 가열해요. 빵가루를 몇 개 떨어뜨렸을 때 바로 떠오르면 튀기기 적당한 온도(160~180℃)가 된 것이에요.

7. 팬에 가지를 하나씩 넣고, 중간 불로 줄여서 겉면이 노릇해질 때까지 튀긴 다음 건져요.

- 가지의 아린 맛이 싫으면 찬물에 5분간 담갔다가 빼서 물기를 완전히 제거해요.

PART 1　조회 폭발! 인기 폭발! 엄마의 베스트 인기 반찬

얼큰한 전주식
콩나물국밥

추운 날씨에 먹으면 든든해지는 최고의 국물 요리.
오징어가 들어가서 감칠맛 나는 국물을 우려내는 게 포인트예요.

재료

밥 1공기(140g), 오징어(몸통) 1마리, 달걀 1개, 콩나물 1봉지(300g), 대파 1/3대, 청양고추 1개, 고춧가루 1큰술, 다진 마늘 1/2큰술, 새우젓 1큰술, 통깨 1큰술

육수

무 1/3개, 양파 1/2개, 대파 1대, 국물용 멸치 1줌(20~30마리), 다시마(사방 10cm) 1장, 물 3컵(600ml)

만들기

1. 육수 재료를 손질해요. 양파는 반으로 자르고, 대파는 큼직하게 썰어요. 무는 4등분해요.

2. 센 불에 냄비를 올리고 물을 부어요. 육수 재료를 모두 넣고, 10분간 끓인 다음 체에 걸러요.

3. 센 불에 오목한 팬을 올리고 물을 부어요. 물이 끓어오르면 콩나물을 넣고, 3분간 데친 다음 건져서 찬물에 바로 헹궈요.

4. 콩나물을 삶은 팬에 오징어를 살짝 데쳐요.

5. 오징어는 먹기 좋은 크기로 작게 썰어요.

6. 대파와 청양고추는 송송 썰어요.

7. 뚝배기에 밥을 담고, 그 위에 콩나물을 올려요. 육수를 붓고, 오징어를 넣고 끓이면서 거품을 적당히 걷어내요.

8. 대파와 청양고추, 달걀, 새우젓, 고춧가루, 다진 마늘, 통깨를 넣고 한소끔 끓여요.

- 오징어가 국물을 더욱 진하게 만드니 꼭 넣어주세요. 번거로우면 콩나물과 오징어를 함께 데쳐도 좋아요.
- 부족한 간은 새우젓이나 소금으로 맞춰요.

PART **1** 조회 폭발! 인기 폭발! 엄마의 베스트 인기 반찬

딱딱하지 않은
고추장멸치볶음

촉촉하고 부드러운 멸치볶음이 있으면 항상 든든하죠.
갓 지어서 따끈한 밥과 먹으면 최고예요.

재료
멸치 중간 크기 3줌(150g), 참기름 1큰술, 식용유 약간, 통깨 약간

양념
고추장 2큰술, 올리고당 2큰술, 매실액 1큰술, 맛술 2큰술, 다진 마늘 1큰술

만들기

1 멸치의 머리와 내장을 떼요.

2 약한 불에 프라이팬을 올리고 식용유를 둘러요. 멸치를 넣고 3~5분간 볶은 다음 덜어둬요.

3 작은 볼에 재료를 모두 넣고 섞어서 양념을 만들어요.

4 중간 불에 프라이팬을 올리고 양념을 부어요.

5 양념이 끓어오르면 멸치를 넣고 국물이 거의 보이지 않을 때까지 볶아요. 참기름과 참깨를 넣고 버무려요.

- 식용유에 멸치를 너무 오래 볶으면 오히려 비린내가 날 수 있으니 살짝만 볶아요.
- 단맛을 낼 때 설탕 대신 올리고당을 넣어야 딱딱하지 않고 부드러워져요.

PART 1   조회 폭발! 인기 폭발! 엄마의 베스트 인기 반찬

고소하고 든든한
소고기볶음밥

버터 향이 솔솔 풍기는 볶음밥은 누구나 다 좋아할 거예요.
소고기를 넣어서 영양 밸런스를 맞춘 한끼 식사를 차려요.

재료

밥 1공기(210g), 소고기(등심 또는 다진 것) 100g, 스팸(작은 것) 1캔(200g), 감자 1개, 당근 1/2개(40g), 양파 1/2개, 애호박 1/4개, 버터 1큰술, 소금 약간

만들기

1. 감자와 당근, 양파는 껍질을 벗기고 잘게 다져요. 애호박과 스팸도 다지고, 소고기는 최대한 작게 썰어요.

2. 중간 불에 오목한 팬을 올리고 버터를 넣어요. 소고기를 넣고 겉이 익을 때까지 볶아요.

3. 양파를 넣고 볶아요. 이어서 당근-감자-스팸-애호박을 순서대로 넣고 볶아요. 소금을 넣어서 간을 맞춰요.

4. 밥을 넣고 잘 섞으며 볶아요.

- 버터가 타기 전에 소고기를 넣어서 함께 볶아요.

PART 1 조회 폭발! 인기 폭발! 엄마의 베스트 인기 반찬

간식으로 딱 좋은
감자고로케

막 튀겨내서 뜨거운 감자고로케는 정말 맛있죠.
간식으로도 좋고, 카레에 곁들여도 색다른 느낌이에요.

재료

햄 1/2개(100g), 달걀 2개, 감자 3개, 당근 1/2개(40g), 양파 1/2개, 버터 1큰술, 밀가루 1컵(200g), 빵가루 1컵(200g), 식용유 적당량, 소금 약간, 후춧가루 약간, 물 약간

만들기

1 감자는 껍질을 벗기고 2등분해요. 햄과 당근, 양파는 잘게 다져요.

2 오목한 팬에 찜기를 올리고, 찜기에 닿지 않을 정도로 물을 부어요. 감자를 넣고 뚜껑을 닫은 채 15~30분간 쪄요. 젓가락으로 찔렀을 때 쑥 들어가면 다 익은 것이에요.

3 감자가 뜨거울 때 볼에 넣어요. 버터와 소금, 후춧가루를 넣고 으깨며 섞어요.

4 중간 불에 프라이팬을 올리고 식용유를 둘러요. 햄과 당근, 양파를 각각 볶은 다음 덜어둬요.

5 으깬 감자에 햄과 당근, 양파를 넣고 섞은 다음 양손으로 둥글납작하게 빚어요.

6 납작한 그릇에 달걀을 깨뜨려 넣고, 거품기나 포크로 풀어서 달걀물을 만들어요.

7 납작한 그릇에 밀가루와 빵가루를 각각 부어요. 빵가루에 소금과 물을 약간씩 넣고 섞어서 손으로 빵가루를 쥐었을 때 살짝 뭉치는 상태로 만들어요.

8 둥글납작하게 빚은 감자 양면에 밀가루를 살짝 묻힌 다음 달걀물에 담갔다 빼고 마지막으로 빵가루를 입혀요.

9 오목한 팬에 식용유를 붓고 센 불로 가열해요. 빵가루를 떨어뜨렸을 때 바로 떠오르면 튀기기 적당한 온도(160~180℃)가 된 것이에요.

10 팬에 하나씩 넣고, 센 불에서 겉면이 노릇해질 때까지 튀긴 다음 건져요.

- 각각 볶기 번거로우면 팬에 당근과 햄, 양파를 순서대로 넣으며 한꺼번에 볶아요.
- 빵가루에 물을 섞어서 촉촉하게 만들면 더욱 바삭하게 튀겨져요.
- 감자고로케는 센 불로 식용유를 가열한 다음 튀겨요. 저온에서 튀기면 눅눅해져요.

PART 1 　조회 폭발! 인기 폭발! 엄마의 베스트 인기 반찬

신선하고 간단한
육회

씹을수록 고소하고 담백한 육회를 집에서 만들어볼까요?
신선한 소고기만 준비하면 끝! 금방 완성할 수 있어요.

재료
소고기(앞전각살) 200g, 달걀노른자 1개, 배 1개, 설탕 1큰술, 물 1컵(200ml)

양념
쪽파 2줄기, 마늘 4쪽, 간장 1큰술, 설탕 1큰술, 참기름 1큰술, 통깨 1큰술, 후춧가루 약간

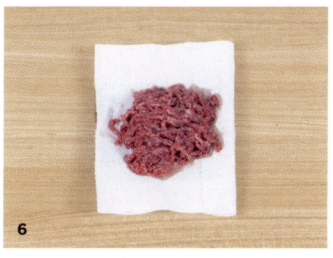

만들기

1. 다른 재료를 손질하는 동안 소고기는 냉동실에 넣어서 차갑고 아삭한 상태로 만들어요.

2. 볼에 물을 붓고, 설탕을 넣고 녹을 때까지 저어서 설탕물을 만들어요.

3. 배는 껍질과 심, 씨를 제거하고 채 썬 다음 설탕물에 담가요.

4. 쪽파는 송송 썰고, 마늘은 잘게 다져요.

5. 냉동실에서 소고기를 꺼내서 길게 썰어요.

6. 키친타월에 소고기를 올려서 핏물을 빼요.

7. 작은 볼에 쪽파와 마늘을 넣고, 나머지 재료도 모두 넣고 섞어서 양념을 만들어요.

8. 볼에 소고기와 양념을 넣고, 장갑을 낀 채 살살 버무려요. 접시에 배를 빙 둘러서 담고, 가운데에 육회를 올려요. 먹기 직전에 달걀노른자를 올려요.

- 소고기를 자르고 버무릴 때 손의 열이 전달되지 않도록 꼭 장갑을 껴요.
- 새싹채소나 무순을 곁들이면 더욱 맛있어요.

PART 1 조회 폭발! 인기 폭발! 엄마의 베스트 인기 반찬

BEST 12

아삭함이 살아 있는
말린 호박나물

말린 호박에는 비타민 D가 풍부해서 골다공증에 좋아요.
볶으면 식감이 아삭하고 꼬들꼬들해져서 자꾸 젓가락이 향한답니다.

재료
말린 호박 80g, 대파 1대, 참기름 1큰술, 통깨 1큰술, 들깨가루 2큰술

밑간
국간장 1큰술, 들기름 2큰술, 다진 마늘 1/2큰술

만들기

1. 볼에 뜨거운 물을 붓고, 말린 호박을 넣어서 4~5분간 불려요.

2. 대파는 송송 썰어요.

3. 호박이 불면 세 번 정도 헹군 다음 물기를 살짝만 짜요.

4. 볼에 호박과 대파를 넣고, 밑간 재료를 모두 넣어서 버무려요.

5. 센 불에 프라이팬을 올리고 참기름을 둘러요. 버무려둔 호박을 넣고, 국물이 거의 보이지 않을 때까지 볶아요.

6. 통깨와 들깨가루를 넣고 뒤적이며 섞어요.

- 가을에 호박이 많이 나올 때 슬라이스해서 말려두었다가 겨울에 반찬으로 만들면 좋아요.
- 말린 호박을 너무 오래 불리면 말랑말랑해져서 아삭함이 떨어지니 5분 정도만 잠깐 불려요.
- 불린 호박을 바싹 볶아야 꼬들꼬들한 식감이 살아나요.
- 부족한 간은 소금이나 국간장으로 맞춰요.

PART 1 조회 폭발! 인기 폭발! 엄마의 베스트 인기 반찬

바삭 짭쪼름한 별미 반찬
명태껍질볶음

명태의 껍질에는 단백질과 콜라겐이 듬뿍 들어 있어서 피부에 탄력을 줘요.
반찬으로도 훌륭하고, 안주로도 맛있는 명태껍질볶음을 소개합니다.

재료
명태 껍질 70g, 식용유 적당량

양념
대파 1대, 청양고추 2개, 홍고추 1개, 고추장 2큰술, 간장 3큰술, 생강청 1큰술, 올리고당 3큰술, 맛술 2큰술, 다진 마늘 1큰술, 후춧가루 약간, 참기름 1큰술, 통깨 약간

만들기

1. 명태 껍질에 붙어 있는 지느러미와 잔가시를 가위로 잘라내요. 대파와 청양고추, 홍고추는 씻어요.

2. 볼에 미지근한 물을 붓고, 명태 껍질을 넣어서 주물주물해요. 두 번 정도 씻은 다음 물기를 짜요. 키친타월에 올린 다음 키친타월을 덮고 눌러서 물기를 모두 제거해요.

3. 대파는 송송 썰고, 청양고추와 홍고추는 길게 자른 다음 잘게 다져요.

4. 작은 볼에 대파와 청양고추, 홍고추를 넣고, 나머지 재료도 모두 넣고 섞어서 양념을 만들어요.

5. 센 불에 오목한 팬을 올리고 식용유를 부어요. 명태 껍질을 넣고 뽀글뽀글 소리가 작아지면 바로 건져요.

6. 중간 불에 오목한 팬을 올리고 양념을 부어요. 양념이 끓어오르면 불을 약한 불로 줄여요. 명태 껍질을 넣고 버무린 다음 뒤적이며 섞어요. 참기름과 통깨를 넣고 마무리해요.

1

2&3

4

5

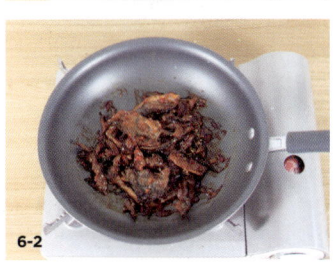

6-1

6-2

엄마의 손맛 TIP

- 손질하고 남은 명태 껍질의 지느러미와 잔가시는 육수를 낼 때 활용해요.
- 명태 껍질은 적당히 바삭한 느낌으로 튀겨요. 살짝 바삭해야 양념에 버무렸을 때 맛있어요. 너무 오래 튀기면 딱딱해진답니다.

PART **1** 조회 폭발! 인기 폭발! 엄마의 베스트 인기 반찬

집에서 쉽게 만드는
멘보샤

중식 요리집에서 맛보던 멘보샤를 집에서 만들어볼까요?
식빵과 칵테일 새우만 있으면 간단하게 완성할 수 있답니다!

재료

식빵 4장, 칵테일 새우 90g, 달걀 흰자 1개, 감자전분 1큰술, 올리브유 1큰술, 식용유 적당량

소스

굴소스 1/3큰술, 케첩 2큰술, 식초 2큰술, 설탕 2큰술, 다진 마늘 1큰술

만들기

1. 칵테일 새우는 꼬리를 떼어내고 깨끗이 씻어요. 식빵은 가장자리를 잘라내고 4등분해요. 작은 볼에 달걀을 깨뜨려서 흰자만 준비해요.

2. 칵테일 새우를 곱게 다져요.

3. 볼에 칵테일 새우와 달걀흰자, 감자전분, 올리브유를 넣고 버무려서 새우완자를 만들어요.

4. 식빵 한 장에 새우완자를 두툼하게 올리고, 식빵 한 장을 덮어서 멘보샤를 만들어요.

5. 작은 볼에 재료를 모두 넣고 섞어서 소스를 만들어요.

6. 오목한 팬에 식용유를 붓고 약한 불로 가열해요. 빵가루를 떨어뜨렸을 때 익을 듯 말 듯 노랗게 변하면 튀기기 적당한 온도(60℃)가 된 것이에요.

7. 팬에 멘보샤를 하나씩 넣고 뒤집어가며 겉면이 노릇해질 때까지 튀긴 다음 건져요. 소스를 곁들여요.

엄마의 손맛 TIP

- 새우완자를 만들 때 올리브유 대신 식용유를 넣어도 돼요.
- 멘보샤는 고온으로 익히면 빵이 타니까 저온에서 노릇노릇하게 튀겨야 해요.

PART 1   **조회 폭발! 인기 폭발! 엄마의 베스트 인기 반찬**

부드러움이 돋보이는
콩자반

서리태라고도 불리는 검은콩으로 짭쪼름하고 부드러운 콩자반을 만들어요.
콩을 약한 불에 졸이는 대신 센 불에 볶듯이 조리해서 비린내를 없앴어요.

재료

검은콩 240g, 간장 4큰술, 올리고당 2큰술, 매실액 2큰술, 설탕 2큰술, 식용유 2큰술, 통깨 약간, 물 3큰술

만들기

1. 콩을 깨끗이 씻은 다음 물을 넉넉하게 붓고, 5시간 정도 부드러워질 때까지 불려요.

2. 콩을 체에 밭쳐 물기를 빼고, 오목한 팬에 담아요. 올리고당과 통깨를 뺀 나머지 재료를 모두 넣고 설탕이 녹을 때까지 버무려요.

3. 센 불에 팬을 올리고, 국물이 거의 보이지 않을 때까지 졸이면서 볶아요.

4. 올리고당을 넣고 섞은 다음 불을 끄고, 뜨거울 때 통깨를 넣고 버무려요.

- 콩을 볶으며 하나씩 먹어보고 덜 익었으면 물을 더 붓고 볶으면서 원하는 정도로 익혀요.
- 간장과 설탕은 취향에 따라 가감해요.

PART 1 조회 폭발! 인기 폭발! 엄마의 베스트 인기 반찬

채소가 듬뿍!
춘천닭갈비

좋아하는 채소를 가득 넣어서 더욱 푸짐하게 즐겨요.
닭갈비가 가장 맛있어지는 양념의 황금 비율을 공개합니다.

재료

닭고기 정육(닭다리살) 800g, 가래떡(5~8cm) 5토막, 양배추 1/8통, 감자 1개, 양파 1개, 대파 1대, 참기름 1/2큰술, 후춧가루 약간, 물 1/4컵(50ml)

양념

고추장 3큰술, 간장 2큰술, 굴소스 1큰술, 물엿 2큰술, 맛술 3큰술, 고춧가루 3큰술, 설탕 1큰술, 다진 마늘 1큰술

1&2

3

4

만들기

1. 닭고기의 껍질을 절반 정도만 손으로 떼어내고, 찬물에 씻은 다음 먹기 좋은 크기로 잘라요.

2. 양파는 채 썰어요. 양배추는 가운데 심지를 잘라내고, 세로로 3등분한 다음 큼직하게 잘라요. 감자는 1cm 두께로 납작하게 자른 다음 막대기 모양으로 길게 썰어요. 대파는 큼직하게 3~4등분한 다음 흰 부분만 반으로 잘라요.

3. 작은 볼에 재료를 모두 넣고 섞어서 양념을 만들어요.

4. 볼에 닭고기와 채소, 양념, 참기름, 후춧가루를 넣고 버무려요.

5. 센 불에 오목한 팬을 올려요. 버무린 닭고기와 채소를 넣고, 양념이 타기 전에 팬 가장자리를 따라 물을 부어요.

6. 가래떡을 넣고, 중간 불로 낮춰서 닭고기가 완전히 익을 때까지 졸여요.

엄마의 손맛 TIP

- 닭고기 껍질이 절반 정도 남아 있어야 야들야들해요. 담백하게 먹고 싶으면 껍질을 전부 제거해요.
- 양념을 미리 만든 다음 냉장실에서 숙성시키면 더욱 감칠맛이 나고 맛있어요.
- 떡볶이용 떡이나 고구마를 넣어도 맛있어요. 취향에 따라 원하는 채소나 사리를 넣어요.

PART **1** 조회 폭발! 인기 폭발! 엄마의 베스트 인기 반찬

BEST 17

떡볶이 양념의 황금 비율!
쌀떡볶이

추억의 오리지널 떡볶이는 생각보다 맛을 내기가 어려워요.
떡볶이가 가장 맛있어지는 양념 비율을 소개할 테니 따라 해보세요.

재료

떡볶이용 쌀떡 400g, 납작한 어묵 3장, 삶은 달걀 2개, 대파 1대, 국물용 멸치 1줌(20~30마리), 물 4컵(800ml)

양념

고추장 2큰술, 간장 2큰술, 올리고당 1큰술, 고춧가루 1큰술, 설탕 1큰술, 후춧가루 약간

만들기

1. 센 불에 오목한 팬을 올리고 물을 부어요. 국물용 멸치를 넣고 10분간 끓여 육수를 만들어요.

2. 쌀떡은 찬물에 씻어요.

3. 납작한 어묵을 3cm 너비로 길게 자른 다음 사선으로 잘라요. 대파는 어슷하게 썰어요.

4. 육수에서 멸치를 건져내고, 양념 재료를 모두 넣고 잘 풀어줘요.

5. 육수가 끓어오르면 쌀떡과 어묵, 대파를 넣고 끓여요.

6. 쌀떡이 바닥에 눌어붙지 않도록 뒤적이며 끓여요. 삶은 달걀을 넣고, 원하는 만큼 국물을 졸여요.

- 멸치로 육수를 만들면 감칠맛이 더욱 풍부해져요.

PART **1**　조회 폭발! 인기 폭발! 엄마의 베스트 인기 반찬

식어도 쫄깃쫄깃 맛있는
고추장떡

저희 친정엄마가 여름에 가끔 만들어주셨던 고추장떡이에요.
찹쌀가루만 있으면 언제든 그때 그 맛을 낼 수 있어요.

재료

부침가루 1컵(200g), 찹쌀가루 2큰술, 청양고추 2개, 된장 1큰술, 고추장 2큰술, 식용유 약간, 물 1컵(200ml)

만들기

1. 청양고추는 꼭지를 떼고, 길게 자른 다음 어슷하게 썰어요.

2. 볼에 부침가루와 찹쌀가루, 된장, 고추장, 물을 넣고 잘 풀어서 반죽을 만들어요.

3. 반죽에 청양고추를 넣고 섞어요.

4. 중간 불에 프라이팬을 올리고 식용유를 둘러요.

5. 팬에 반죽을 한 숟가락씩 떠서 올려요.

6. 가장자리가 익으면 뒤집고, 반대편도 익혀요.

부추나 쪽파, 깻잎을 넣어도 맛있어요.

PART 1 조회 폭발! 인기 폭발! 엄마의 베스트 인기 반찬

입 안에서 살살 녹는
고구마샐러드

부드럽고 달달한 고구마샐러드를 만들려면 맛있는 고구마를 골라야 해요.
표면이 매끈하고 병충해를 입은 부분이 없는 고구마를 선택하세요.

재료
고구마 4개(500g), 캔 옥수수 1통(195g), 머스터드 소스 1큰술, 마요네즈 2큰술

만들기

1. 고구마를 깨끗이 씻어요. 캔 옥수수는 체에 밭쳐 물기를 빼요.

2. 중간 불에 오목한 팬을 올리고 물을 넉넉히 부어요. 고구마를 넣고 뚜껑을 닫은 채 25~30분간 삶아요.

3. 고구마의 껍질을 벗긴 다음 볼에 담아서 으깨요.

4. 캔 옥수수와 머스터드 소스, 마요네즈를 넣고 섞어요.

엄마의 손맛 TIP

- 잔뿌리가 많은 고구마는 질길 수 있으니 고르지 않는 게 좋아요.
- 고구마 크기에 따라 삶는 시간이 달라요. 고구마를 젓가락으로 찔렀을 때 쑥 들어가는지 확인해보고 덜 익었으면 조금 더 삶아요.

PART **1**   조회 폭발! 인기 폭발! 엄마의 베스트 인기 반찬

깔끔하고 진한 국물
소고기국수

멸치 육수를 내지 않아서 비린내를 싫어하는 사람도 맛있게 먹을 수 있고,
재료가 간단해서 쉽게 만드는 소고기국수 어떠세요?

재료

소면 250g, 소고기(홍두깨살) 250g, 대파 1/3대, 국간장 1큰술, 다진 마늘 1큰술, 소금 1꼬집, 후춧가루 약간, 물 5컵 (1L)

양념장

청양고추 1개, 홍고추 1개, 간장 3큰술, 멸치액젓 1/2큰술, 고춧가루 1큰술, 설탕 1/2큰술, 다진 마늘 1/2큰술, 통깨 약간

만들기

1. 소고기는 키친타월로 눌러서 핏물을 제거해요.

2. 중간 불에 프라이팬을 올리고 소고기와 다진 마늘, 후춧가루를 넣고 볶아요.

3. 소고기가 다 익으면 냄비에 옮겨 담아요. 물을 붓고 끓여서 육수를 만들어요.

4. 대파는 송송 썰어요. 청양고추와 홍고추는 길게 자른 다음 잘게 다져요.

5. 작은 볼에 청양고추와 홍고추를 넣고, 나머지 재료도 모두 넣고 섞어서 양념장을 만들어요.

6. 육수의 거품을 걷어내고, 국간장을 넣어요.

7. 센 불에 다른 냄비를 올리고 물을 부어요. 소면과 소금을 넣어요. 물이 끓어오르면 찬물 1컵을 부어요. 이 과정을 세 번 반복하고 나서 소면을 건져요.

8. 그릇에 소면을 담고 육수를 부어요. 육수의 소고기와 대파를 올려요. 양념장을 곁들여요.

엄마의 손맛 TIP

- 육수를 냉동시켜서 무더운 여름에 냉국수로 응용해보세요.
- 소고기는 어느 부위를 사용해도 괜찮아요.
- 소면을 삶을 때 찬물 1컵을 세 번 붓는 과정을 거치고 불을 끄면 딱 알맞게 삶아져요.

PART 2

오늘의 반찬 걱정을 싹 덜어내는
맛보장 밥반찬

제철 식재료로 계절의 맛과 영양이 담긴 식탁을 차려요.

PART 2 오늘의 반찬 걱정을 싹 덜어내는 맛보장 밥반찬 조물조물 무치기만 하면 완성! **무침**

부추무침

부추만 양념에 버무리면 완성되는 반찬이에요.
반찬으로 먹어도 좋고, 맑은 탕에 넣어서 먹어도 좋아요.

재료

부추 1단(200g), 당근 3/4개(60g), 양파 1개, 매실액 3큰술, 멸치액젓 2큰술, 고춧가루 3큰술, 다진 마늘 1큰술, 참기름 1큰술, 통깨 약간

만들기

1. 부추는 뿌리와 상한 잎을 다듬고 깨끗이 씻은 다음 4~5cm로 잘라요. 당근과 양파는 부추와 비슷한 길이로 채 썰어요.

2. 볼에 부추와 당근, 양파를 넣고 멸치액젓을 넣어서 살살 버무려요.

3. 매실액과 고춧가루, 다진 마늘, 참기름을 넣고 버무려요.

4. 통깨를 넣고 마무리해요.

엄마의 손맛 TIP

• 멸치액젓을 넣으면 감칠맛이 나서 훨씬 맛있어요.

PART **2** 오늘의 반찬 걱정을 싹 덜어내는 맛보장 밥반찬   조물조물 무치기만 하면 완성! **무침**

묵은지무침

번거롭게 볶지 말고, 간단하게 무쳐서 먹어보세요.
짭쪼름하고 아삭아삭한 맛이 일품이랍니다.

재료

묵은지 1/4쪽(430g), 쪽파 3줄기, 홍고추 1개, 설탕 1큰술, 들기름 1큰술, 통깨 약간

만들기

1. 묵은지는 속을 털어내며 씻어요.

2. 묵은지의 머리를 썰어내고, 줄기를 길게 잘라요. 쪽파는 송송 썰고, 홍고추는 길게 자른 다음 잘게 다져요.

3. 묵은지의 물기를 꽉 짜서 볼에 넣고, 쪽파와 홍고추를 넣고 무쳐요.

4. 설탕과 들기름, 통깨를 넣고 버무려요.

- 들기름이 없으면 참기름을 넣어요.

PART 2 　오늘의 반찬 걱정을 싹 덜어내는 맛보장 밥반찬　　　조물조물 무치기만 하면 완성! **무침**

오이달래무침

상큼한 오이로 입 안에 침이 고이는 반찬을 만들어볼게요.
풍미를 더하기 위해 달래도 함께 넣었어요.

재료

오이 2개, 달래 1줌(20g), 홍고추 1개, 물엿 2큰술, 식초 1/2큰술, 멸치액젓 1/2큰술, 고춧가루 1과 1/2큰술, 설탕 1/2큰술, 다진 마늘 1/2큰술, 소금 1/2큰술, 통깨 약간

만들기

1. 오이를 깨끗이 씻은 다음 위아래의 꼭지를 잘라내요. 반으로 길게 자른 다음 어슷하게 썰어요.

2. 달래는 뿌리와 상한 잎을 다듬고, 깨끗이 씻은 다음 3cm로 잘라요. 홍고추는 길게 자른 다음 씨를 털어내고, 어슷하게 썰어요.

3. 볼에 오이와 물엿, 소금을 넣고 10분간 절여요.

4. 오이를 체에 받쳐 물기를 빼요.

5. 볼에 오이와 식초, 멸치액젓, 고춧가루, 설탕, 다진 마늘을 넣고 버무려요.

6. 달래와 홍고추, 통깨를 넣고 살살 버무려요.

1&2

4

5

6

- 더욱 매콤하게 먹으려면 고춧가루를 더 넣어요.

PART 2 오늘의 반찬 걱정을 싹 덜어내는 맛보장 밥반찬   조물조물 무치기만 하면 완성! **무침**

김무침

잘못 보관해서 눅눅해진 김을 활용하기 딱 좋은 레시피예요.
바삭하게 굽기만 하면 아주 맛있는 반찬으로 변해요.

재료
김 20장, 쪽파 5줄기, 홍고추 1개, 통깨 약간

양념
간장 1큰술, 멸치액젓 1큰술, 매실액 1큰술, 올리고당 2큰술, 다진 마늘 1/2큰술, 참기름 2큰술

만들기

1   약한 불에 프라이팬을 올리고 김을 앞뒤로 구워요.

2   김을 비닐봉지에 넣고 잘게 부숴요.

3   작은 볼에 재료를 모두 넣고 섞어서 양념을 만들어요.

4   쪽파는 송송 썰어요. 홍고추는 길게 자른 다음 잘게 다져요.

5   볼에 김과 쪽파, 홍고추, 양념, 통깨를 넣고 무쳐요.

• 비닐봉지에 김을 넣고 부수면 부스러기도 안 떨어지고 쉽게 부술 수 있어요.

PART **2** 오늘의 반찬 걱정을 싹 덜어내는 맛보장 밥반찬   조물조물 무치기만 하면 완성! **무침**

매운 콩나물무침

비타민과 단백질이 풍부한 콩나물로
오늘의 반찬 고민을 덜어내요.

재료

콩나물 1봉지(300g), 대파 1/2대, 참치액 1큰술, 고춧가루 1큰술, 다진 마늘 1/2큰술, 소금 1/2큰술, 참기름 약간, 통깨 약간

만들기

1. 콩나물은 깨끗이 씻은 다음 냄비에 담아요. 잠길 정도로 물을 붓고, 뚜껑을 연 채 8분간 삶아요.

2. 콩나물을 찬물에 두 번 헹군 다음 물기를 살짝 짜요. 대파는 송송 썰어요.

3. 볼에 콩나물과 고춧가루, 다진 마늘, 소금을 넣고 조물조물 무쳐요.

4. 대파와 참치액, 참기름, 통깨를 넣고 버무려요.

- 콩나물을 삶을 때는 뚜껑을 계속 열어둬요. 뚜껑을 열었다 닫았다를 반복하면 비린내가 날 수 있어요.
- 콩나물을 찬물에 헹구면 더욱 아삭해져요.

PART **2** 오늘의 반찬 걱정을 싹 덜어내는 맛보장 밥반찬   조물조물 무치기만 하면 완성! **무침**

오징어초무침

매콤&새콤한 맛과 오독오독한 식감이 입맛을 확 살려줘요.
밥과 함께 먹어도 맛있지만 술안주로도 좋아요.

재료

오징어 2마리, 무 1/2개(400g), 당근 1/2개(40g), 양파 1개, 오이 1개, 청양고추 2개, 소금 1큰술, 통깨 약간

양념

고추장 2큰술, 고춧가루 1큰술, 매실액 2큰술, 2배 식초 3큰술, 멸치액젓 1큰술, 설탕 2큰술, 다진 마늘 1큰술

만들기

1. 무는 1.5cm 두께로 슬라이스한 다음 3mm 두께로 넓적하게 썰어요.
2. 오이는 반으로 길게 자른 다음 무와 비슷한 두께로 어슷하게 썰어요.
3. 당근은 반으로 자른 다음 무와 비슷한 두께로 넓적하게 썰어요.
4. 양파는 채 썰고, 청양고추는 어슷하게 썰어요.
5. 볼에 손질한 채소와 소금을 넣고 10분간 절여요.
6. 오징어는 내장과 이빨을 제거해요. 센 불에 오목한 팬을 올리고 물을 부어요. 물이 끓어오르면 오징어를 넣고 2분간 데친 다음 건져서 식혀둬요.
7. 작은 볼에 재료를 모두 넣고 섞어서 양념을 만들어요.
8. 절인 채소를 면보로 감싼 다음 물기를 짜요.
9. 오징어를 무와 비슷한 크기로 썰어요.
10. 볼에 오징어와 채소, 양념을 넣고 무쳐요. 통깨를 넣고 마무리해요.

- 오징어와 채소의 길이나 두께는 무와 최대한 비슷하게 맞춰서 썰어요.
- 채소에서 물기가 많이 나오기 때문에 신맛이 희석되지 않도록 2배 식초를 쓰는 게 좋아요.
- 삶은 소면을 비벼 먹어도 정말 맛있답니다.

PART 2 오늘의 반찬 걱정을 싹 덜어내는 맛보장 밥반찬   조물조물 무치기만 하면 완성! **무침**

시금치무침

노화 예방과 항산화 효과가 뛰어난 시금치를 무침으로 먹어봐요.
살짝 데쳐서 먹으면 더욱 효과가 좋다고 해요.

재료

시금치 1단(230g), 쪽파 3줄기, 참치액 1큰술, 다진 마늘 1/2큰술, 소금 1큰술, 참기름 1큰술, 빻은 깨 1큰술

만들기

1. 시금치는 뿌리를 잘라내고, 상한 잎을 떼어낸 다음 깨끗이 씻어요.

2. 센 불에 오목한 팬을 올리고 물을 부은 다음 소금 1/2큰술을 넣어요. 물에 기포가 조금 생기면 시금치를 넣고 50초 정도 데쳐요.

3. 시금치를 건져서 바로 찬물에 헹궈서 열기를 뺀 다음 물기를 꼭 짜요.

4. 쪽파는 송송 썰어요.

5. 볼에 시금치와 쪽파, 참치액, 다진 마늘, 소금 1/2큰술, 참기름, 빻은 깨를 넣고 털면서 무쳐요.

- 데칠 때 시금치를 넣고 물이 완전히 끓어오르기 전에 건져요.

PART 2　오늘의 반찬 걱정을 싹 덜어내는 맛보장 밥반찬　　　조물조물 무치기만 하면 완성! **무침**

방풍나물무침

이름처럼 '풍'을 예방하며, 독소를 배출하는 효능도 뛰어난 방풍나물은
봄에 가장 맛이 잘 들어 있답니다. 특히 잎이 어린 4월에 맛이 좋아요.

재료

방풍나물 1단(250g), 대파 1/3대, 홍고추 1/2개, 소금 1/2큰술, 통깨 약간

양념

고추장 1큰술, 물엿 1큰술, 매실액 1큰술, 멸치액젓 1큰술, 고춧가루 1큰술, 다진 마늘 1큰술, 참기름 1큰술

만들기

1 방풍나물은 상한 잎이나 이물질을 제거하고, 줄기가 너무 길면 끝부분을 잘라내요. 잎에 가까운 줄기만 남겨서 다듬은 다음 두세 번 씻어요.

2 센 불에 오목한 팬을 올리고 물을 부은 다음 소금을 넣어요. 물이 끓어오르면 방풍나물을 넣고 2분간 데쳐요.

3 방풍나물을 건져서 바로 찬물에 헹궈서 열기를 빼요.

4 방풍나물의 물기를 짜고 3~4cm로 잘라요.

5 뭉쳐 있는 방풍나물을 살살 털어서 떼요. 대파는 송송 썰고, 홍고추는 어슷하게 썰어요.

6 작은 볼에 재료를 모두 넣고 섞어서 양념을 만들어요.

7 볼에 방풍나물과 대파, 홍고추, 양념을 넣고 버무린 다음 통깨를 넣고 마무리해요.

엄마의 손맛 TIP

- 나물을 데칠 때 소금을 넣으면 잎의 색이 파릇파릇하고 선명해서 더욱 먹음직스러워져요.
- 아삭한 식감을 원하면 방풍나물을 1분만 살짝 데치고, 부드러운 식감을 선호하면 2분간 데쳐요.
- 조금 쌉쌀한 맛이 나면 물엿 1큰술을 더해요.

PART **2** 오늘의 반찬 걱정을 싹 덜어내는 맛보장 밥반찬   조물조물 무치기만 하면 완성! **무침**

쑥갓무침

포르르 데쳐서 양념에 조물조물하면 쌉싸름한 무침이 완성!
싱싱한 쑥갓이 눈에 들어온다면 한번 만들어보세요.

재료

쑥갓 1단(400g), 쪽파 5줄기, 홍고추 1개, 멸치액젓 1큰술, 다진 마늘 1/3 큰술, 소금 1꼬집, 참기름 1큰술, 통깨 1큰술

만들기

1. 쑥갓은 상한 잎이나 이물질을 제거해요. 줄기 끝부분을 잘라내고, 깨끗이 씻어요.

2. 센 불에 오목한 팬을 올리고 물을 부은 다음 소금을 넣어요. 물이 끓어오르면 쑥갓을 넣고 앞뒤로 한 번씩 뒤집으며 살짝 데쳐요.

3. 쑥갓을 건져서 바로 찬물에 서너 번 헹궈서 열기를 빼요.

4. 쑥갓의 물기를 짜고, 3~4cm로 잘라요.

5. 쪽파와 홍고추는 송송 썰어요.

6. 볼에 쑥갓과 쪽파, 홍고추, 멸치액젓, 다진 마늘, 참기름, 통깨를 넣고 털면서 무쳐요.

PART **2** 오늘의 반찬 걱정을 싹 덜어내는 맛보장 밥반찬   조물조물 무치기만 하면 완성! **무침**

마늘종무침

아린 맛이 나지 않도록 마늘종을 무쳐볼까요?
우리 집 최고 밥 반찬으로 손꼽히는 마늘종무침을 소개합니다.

재료

마늘종 1묶음(200g), 소금 1큰술, 통깨 약간

양념

고추장 1과 1/2큰술, 간장 1큰술, 물엿 1큰술, 매실액 2큰술, 고춧가루 1큰술, 설탕 1/2큰술, 참기름 1큰술

만들기

1. 마늘종은 줄기 끝부분을 잘라내고, 4~5cm로 자른 다음 깨끗이 씻어요.

2. 센 불에 오목한 팬을 올리고 물을 부은 다음 소금을 넣어요. 물이 끓어오르면 마늘종을 넣고 40초간 데쳐요.

3. 마늘종을 건져서 바로 찬물에 두 번 헹궈서 열기를 빼요.

4. 마늘종을 체에 밭쳐 물기를 빼고, 남아 있는 물기는 키친타월로 닦아서 제거해요.

5. 작은 볼에 재료를 모두 넣고 섞어서 양념을 만들어요.

6. 볼에 마늘종과 양념을 넣고 무친 다음 통깨를 넣고 마무리해요.

엄마의 손맛 TIP

- 마늘종을 소금물에 데친 다음 찬물에 헹구면 아린 맛이 사라져요.
- 아삭한 식감을 원하면 마늘종을 40초만 살짝 데치고, 부드러운 식감을 선호하면 1분간 데쳐요.

PART **2** 오늘의 반찬 걱정을 싹 덜어내는 맛보장 밥반찬   휘리릭, 따끈따끈한 반찬을 만들어요 **볶음**

어묵간장볶음

생선살을 으깨서 만든 어묵에는 단백질, 칼슘, 아연이 풍부해요.
반찬을 빨리 준비해야 할 때 어묵이 있으면 든든하답니다!

재료
납작한 어묵 6장, 양파 1개, 대파 1대, 간장 2큰술, 올리고당 1큰술, 다진 마늘 1큰술, 참기름 약간, 식용유 약간, 통깨 약간, 후춧가루 약간

만들기

1. 어묵은 가로로 한 번 자른 다음 1cm 너비로 길게 썰어요.

2. 양파는 채 썰고, 대파는 송송 썰어요.

3. 중간 불에 프라이팬을 올리고 식용유를 둘러요. 양파와 다진 마늘을 넣고, 양파가 반쯤 익을 때까지 볶아요.

4. 어묵과 간장, 올리고당, 후춧가루를 넣고, 양파와 어묵에 간장 색이 들 때까지 볶아요.

5. 대파를 넣고 한소끔 볶은 다음 참기름과 통깨를 넣고 버무리듯 섞어요.

- 더욱 담백하게 먹고 싶으면 끓는 물에 어묵을 데쳐서 기름기를 빼요.
- 청양고추와 홍고추를 넣으면 매콤하게 먹을 수 있어요.

PART 2 오늘의 반찬 걱정을 싹 덜어내는 맛보장 밥반찬   휘리릭, 따끈따끈한 반찬을 만들어요 **볶음**

고사리볶음

육수를 따로 내지 않아도 깊은 맛이 나는 고사리볶음 레시피.
간단하지만 확실한 노하우를 알려드려요.

재료

불린 고사리 350g, 쪽파 3~5줄기, 멸치액젓 2큰술, 다진 마늘 1/2큰술, 들기름 2큰술, 통깨 1큰술, 물 약간

만들기

1   고사리는 딱딱한 끝부분을 잘라내고, 깨끗이 씻은 다음 3등분해요.

2   쪽파는 송송 썰어요.

3   중간 불에 프라이팬을 올리고 들기름 1과 1/2큰술을 둘러요. 다진 마늘을 넣고 볶아요.

4   마늘 향이 올라오면 고사리를 넣고 한소끔 볶아요.

5   쪽파와 멸치액젓을 넣고 센 불로 올려서 2분간 볶아요. 약한 불로 낮추고, 살짝 잠길 정도로 물을 부은 다음 뚜껑을 닫아요. 국물이 자작해질 때까지 뜸을 들여요.

6   뚜껑을 열고 중간 불로 키워서 국물이 거의 보이지 않을 때까지 뒤적이며 볶아요. 들기름 1/2큰술과 통깨를 넣고 마무리해요.

- 말린 고사리는 끓는 물에 20분 정도 통통해질 때까지 푹 삶았다가 헹궈서 찬물에 1시간 이상 담가야 쓴맛이 빠져요. 부드러워지면 다시 헹군 다음 물기를 빼고 요리해요.
- 멸치액젓이 들어가야 깊은 맛이 나요. 없으면 국간장을 넣어요.
- 뚜껑을 닫고 뜸을 들여야 고사리가 촉촉하고 부드러워져요.

PART **2** 오늘의 반찬 걱정을 싹 덜어내는 맛보장 밥반찬   휘리릭, 따끈따끈한 반찬을 만들어요 **볶음**

감자채볶음

감자채볶음만 있으면 다른 반찬이 필요 없을 정도로 계속 손이 가죠.
식어도 맛있고, 도시락 반찬으로도 좋아요.

재료

감자 3개, 당근 1/4개(20g), 양파 1/2개, 풋고추 2개, 다진 마늘 1큰술, 들기름 1큰술, 소금 1/4큰술과 1꼬집, 식용유 1큰술

만들기

1. 감자는 2~3mm로 채 썬 다음 물에 담가요. 살살 헹궈서 전분기를 빼고 체에 밭쳐 물기를 빼요.

2. 당근과 양파도 감자와 비슷한 두께로 채 썰고, 풋고추는 길게 자른 다음 씨를 털어내고 채 썰어요.

3. 중간 불에 프라이팬을 올리고 식용유를 둘러요. 다진 마늘을 넣고 볶아요.

4. 마늘 향이 올라오면 감자를 넣고 1분간 볶아요.

5. 당근과 양파, 풋고추를 넣고 3~4분간 볶아요. 소금을 넣고, 감자가 익을 때까지 볶아요.

6. 들기름을 넣고 2분 더 볶아요.

- 감자를 물에 담가야 팬에 덜 달라붙고, 깔끔한 맛이 나요.

PART **2** 오늘의 반찬 걱정을 싹 덜어내는 맛보장 밥반찬   휘리릭, 따끈따끈한 반찬을 만들어요 **볶음**

애호박볶음

기름을 두르지 않고 담백한 스타일로 만드는 레시피입니다.
애호박에서 나온 수분 덕분에 촉촉해요.

재료
애호박 1개, 대파 1/3대, 홍고추 2개, 들기름 1큰술, 후춧가루 약간, 통깨 약간

양념
간장 1큰술, 국간장 1/2큰술, 매실액 1큰술, 고춧가루 1/2큰술, 다진 마늘 1/2큰술

만들기

1. 애호박을 깨끗이 씻은 다음 위아래의 꼭지를 잘라내요. 반으로 길게 자른 다음 3mm로 어슷하게 썰어요. 대파는 송송 썰고, 홍고추는 어슷하게 썬 다음 씨를 살짝 털어내요.

2. 작은 볼에 재료를 모두 넣고 섞어서 양념을 만들어요.

3. 약한 불에 프라이팬을 올려요. 애호박을 넣고 앞뒤로 구워요.

4. 볼에 애호박과 대파, 홍고추, 양념을 넣고 버무려요.

5. 들기름과 후춧가루, 통깨를 넣고 마무리해요.

• 팬에 기름을 두르지 않아도 애호박에서 수분이 나와서 타지 않아요.

PART **2**　오늘의 반찬 걱정을 싹 덜어내는 맛보장 밥반찬　　휘리릭, 따끈따끈한 반찬을 만들어요 **볶음**

가지볶음

영양소를 두루두루 챙긴 반찬으로 변신한 가지.
집에 있는 양념들만 넣으면 금방 식탁에 올릴 수 있어요.

재료

가지 3개, 양파 1/2개, 대파 1대, 청·홍고추 1개씩, 간장 2큰술, 굴소스 1큰술, 다진 마늘 1큰술, 참기름 약간, 식용유 1큰술, 통깨 약간, 물 1/2컵(100ml)

만들기

1. 가지는 꼭지를 잘라내고, 꽃받침을 떼어낸 다음 씻어요.

2. 가지를 길게 반으로 자른 다음 어슷하게 썰어요. 양파는 채 썰고, 대파는 송송 썰어요. 청·홍고추는 어슷하게 썰어요.

3. 중간 불에 오목한 팬을 올리고 식용유를 둘러요. 다진 마늘을 넣고 볶아요.

4. 마늘 향이 올라오면 가지와 간장, 굴소스, 물을 넣고 졸이듯 볶아요.

5. 양파와 대파, 청·홍고추를 넣고, 가지가 완전히 익을 때까지 볶아요.

6. 참기름과 통깨를 넣고 마무리해요.

- 가지를 길게 열십자로 자른 다음 4등분해서 요리해도 좋아요.
- 볶는 시간을 조절해서 원하는 정도로 가지를 익혀요.

PART 2　오늘의 반찬 걱정을 싹 덜어내는 맛보장 밥반찬　　휘리릭, 따끈따끈한 반찬을 만들어요 **볶음**

브로콜리새송이볶음

브로콜리를 데쳐서 먹는 게 질렸다면 볶아봐요.
조금씩 남은 자투리 채소도 굴소스만 있으면 훌륭해져요.

재료

브로콜리 1송이, 새송이버섯 1개, 빨강·노랑 파프리카 1/2개씩, 양파 1/2개, 홍고추 1개, 마늘 6쪽, 간장 2큰술, 굴소스 1큰술, 올리고당 1/2큰술, 식초 1큰술, 소금 1꼬집, 올리브유 2큰술, 물 적당량

만들기

1. 브로콜리는 송이를 하나씩 잘라서 분리해요. 밑동은 잘라내고, 줄기는 얇고 납작하게 썰어요. 볼에 손질한 브로콜리를 담고, 잠길 정도로 물을 부어요. 식초를 넣고 10분간 담갔다가 헹궈서 체에 받쳐요.

2. 빨강·노랑 파프리카는 꼭지와 씨를 잘라내고, 속의 씨앗을 제거한 다음 한입 크기로 썰어요. 새송이버섯과 양파도 한입 크기로 썰어요. 마늘은 얇게 편으로 썰고, 홍고추는 어슷하게 썰어요.

1 & 2

3. 센 불에 냄비를 올리고 물을 부은 다음 소금을 넣어요. 물이 끓어오르면 브로콜리를 넣고 20초간 데쳐요.

3

4. 브로콜리를 건져서 바로 찬물에 헹군 다음 체에 받쳐 물기를 빼요.

5. 중간 불에 프라이팬을 올리고 올리브유를 둘러요. 마늘을 넣고 노릇해질 때까지 볶아요.

6. 양파를 넣고 살짝 투명해질 때까지 볶은 다음 새송이버섯을 넣어요.

7. 간장과 굴소스, 올리고당을 넣고 새송이버섯에 간장 색이 들 때까지 볶아요.

7

8. 빨강·노랑 파프리카를 넣고 겉이 살짝 익을 때까지 볶은 다음 브로콜리와 홍고추를 넣고 뒤적이며 한소끔 볶아요. 통깨를 넣고 마무리해요.

8

PART **2**　오늘의 반찬 걱정을 싹 덜어내는 맛보장 밥반찬　　휘리릭, 따끈따끈한 반찬을 만들어요 **볶음**

소고기청경채볶음

청경채를 어떻게 먹어야 더 맛있을까 고민이라면 주목!
온 가족이 좋아하는 고급스러운 반찬으로 만들어볼게요.

재료

소고기(부채살) 250g, 청경채 7~8포기(300g), 대파(흰 부분) 2대, 마늘 12쪽, 감자전분 1큰술, 굴소스 1큰술, 소금 약간, 식용유 약간, 후춧가루 약간, 참기름 약간

만들기

1. 소고기는 키친타월로 눌러서 핏물을 제거한 다음 먹기 좋은 크기로 썰어요.

2. 볼에 소고기와 소금, 후춧가루를 넣고 버무려서 밑간한 다음 감자전분을 넣고 버무려요.

3. 청경채는 밑동을 잘라서 잎을 분리한 다음 깨끗이 씻어요.

4. 대파는 반으로 길게 자른 다음 3~4cm로 자르고, 마늘은 얇게 편으로 썰어요.

5. 중간 불에 프라이팬을 올리고 식용유를 둘러요. 대파와 마늘을 넣고 볶아요.

6. 대파와 마늘 향이 올라오면 소고기를 넣고 익을 때까지 볶아요.

7. 굴소스를 넣고 볶다가 청경채를 넣고 숨이 죽을 때까지 볶아요.

8. 참기름을 넣고 마무리해요.

- 소고기는 어떤 부위든 괜찮아요. 채끝살이나 홍두깨살 등 좋아하는 부위를 먹기 좋은 크기로 썰어서 요리해요.
- 소고기에 전분가루를 묻혀야 볶았을 때 부드러워져요.

PART **2** 오늘의 반찬 걱정을 싹 덜어내는 맛보장 밥반찬　　휘리릭, 따끈따끈한 반찬을 만들어요 **볶음**

마늘종새우볶음

봄의 제철 식재료, 마늘종에는 마늘의 맛과 영양이 듬뿍 담겨 있죠.
알싸한 맛과 아삭한 식감이 뛰어난 일등 반찬을 만들어봐요.

재료

마늘종 1단(350g), 건새우 60g, 홍고추 1개, 마늘 7쪽, 간장 3큰술, 올리고당 1큰술, 맛술 2큰술, 설탕 1/2큰술, 소금 1큰술, 참기름 1/2큰술, 식용유 2큰술, 통깨 약간

만들기

1. 마늘종은 줄기 끝부분을 잘라내고, 3~4cm로 자른 다음 씻어요. 홍고추는 길게 자른 다음 채 썰고, 마늘은 얇게 편으로 썰어요.

2. 센 불에 오목한 팬을 올리고 물을 부은 다음 소금을 넣어요. 물이 끓어오르면 마늘종을 넣고 10초간 데쳐요.

3. 마늘종을 건져서 바로 찬물에 세 번 헹궈서 열기를 뺀 다음 체에 받쳐 물기를 빼요.

4. 중간 불에 오목한 팬을 올려요. 건새우를 넣고 2분간 볶은 다음 덜어 둬요.

5. 팬에 식용유를 둘러요. 마늘종과 마늘을 넣고 한소끔 볶은 다음 간장을 넣어요.

6. 건새우와 홍고추, 올리고당, 맛술, 설탕을 넣고 마늘종이 완전히 익을 때까지 볶아요.

7. 참기름과 통깨를 넣고 마무리해요.

- 건새우를 볶아야 비린내가 사라져요. 고소한 냄새가 날 때까지만 살짝 볶아요.

PART **2** 오늘의 반찬 걱정을 싹 덜어내는 맛보장 밥반찬 휘리릭, 따끈따끈한 반찬을 만들어요 **볶음**

고구마줄기볶음

고구마순이라고도 불리는 고구마줄기는 여름을 대표하는 식재료예요.
줄기가 매끄럽고 단단하며 묵직한 고구마줄기를 고르면 좋아요.

재료

고구마순 1단(400g), 대파 1대, 홍고추 2개, 국간장 2큰술, 다진 마늘 1/2 큰술, 소금 1/2큰술, 들기름 1큰술, 식용유 1큰술, 들깨가루 2큰술

만들기

1. 고구마줄기를 톡 부러뜨린 다음 한쪽을 잡아당겨서 껍질을 제거해요. 원하는 길이로 부러뜨리며 손질해요.

2. 오목한 팬에 물을 끓이고 소금을 넣어요. 물이 끓어오르면 고구마줄기를 넣고 5분간 삶아요.

3. 고구마줄기를 건져서 바로 찬물에 헹군 다음 체에 밭쳐 물기를 빼요. 대파와 홍고추는 어슷하게 썰어요.

4. 중간 불에 프라이팬을 올리고 들기름과 식용유를 둘러요. 다진 마늘을 넣고 볶아요.

5. 마늘 향이 올라오면 강한 불로 올려서 고구마줄기를 넣고 숨이 죽을 때까지 볶아요.

6. 홍고추와 국간장, 들깨가루를 넣고 3분간 볶은 다음 대파를 넣고 뒤적이며 볶아요.

- 손질한 고구마줄기를 지퍼백에 담아서 냉장실에 넣으면 3~5일 정도 보관할 수 있어요.
- 들기름을 넣어서 고소한 맛이 더욱 강해져요.

PART **2** 오늘의 반찬 걱정을 싹 덜어내는 맛보장 밥반찬   휘리릭, 따끈따끈한 반찬을 만들어요 **볶음**

주꾸미삼겹살볶음

야들야들 쫄깃쫄깃한 주꾸미를 삼겹살과 함께 매콤하게 볶아요.
남은 양념에 밥을 비벼 먹어도 꿀맛이에요!

재료

주꾸미 400g, 대패 삼겹살 300g, 당근 1/2개(40g), 양파 1개, 대파 1대, 청·홍고추 1개씩, 밀가루 2큰술, 식용유 약간

양념

고추장 2큰술, 간장 3큰술, 생강청 1/2큰술, 매실액 1큰술, 맛술 1큰술, 고춧가루 2큰술, 설탕 1/2큰술, 다진 마늘 1큰술, 참기름 1/2큰술

만들기

1. 볼에 주꾸미와 밀가루를 넣고, 바락바락 주무른 다음 깨끗이 씻어서 이물질을 제거해요. 가위로 주꾸미의 입과 눈을 잘라내요.

2. 당근은 얇고 넓적하게 썰고, 양파는 채 썰어요. 대파와 청·홍고추는 어슷하게 썰어요.

3. 작은 볼에 재료를 모두 넣고 섞어서 양념을 만들어요.

4. 중간 불에 프라이팬을 올려요. 주꾸미를 통째로 넣고 반쯤 익힌 다음 덜어둬요. 주꾸미의 크기가 크면 적당한 크기로 잘라서 익혀요.

5. 팬에 식용유를 두르고, 대파 절반 분량과 양파를 넣고 볶아요. 대파 향이 올라오면 삼겹살과 양념 절반 분량을 넣고 볶아요.

6. 삼겹살에 핏물이 보이지 않을 정도로 익으면 당근과 청·홍고추를 넣고 볶은 다음 주꾸미와 나머지 양념, 대파를 넣고 볶아요. 통깨를 넣고 마무리해요.

엄마의 손맛 TIP

- 주꾸미 입 옆을 양쪽 손끝으로 누르면 입이 쏙 올라와요. 이때 가위로 잘라내면 됩니다.

PART **2** 오늘의 반찬 걱정을 싹 덜어내는 맛보장 밥반찬   깊은 맛 가득! 자작한 국물에 밥도 비벼요 **조림&찜**

두부조림

1년 내내, 언제 어디에서든 구할 수 있는 두부.
보글보글 졸여서 밥 한 공기를 뚝딱 비우는 맛깔난 반찬으로 만들어요.

재료

두부(큰 것) 1모(450g), 양파 1개, 대파 1대, 식용유 약간, 물 1컵 (200ml)

양념

고추장 1큰술, 간장 1큰술, 국간장 1큰술, 올리고당 1큰술, 고춧가루 1큰술, 다진 마늘 1큰술, 참기름 1큰술, 통깨 약간

만들기

1. 두부는 반으로 자른 다음 1~1.5cm 두께로 썰어요. 양파는 채 썰고, 대파는 어슷하게 썰어요.

2. 센 불에 프라이팬을 올리고 식용유를 둘러요. 두부를 넣고 앞뒤로 1분씩 부친 다음 덜어둬요.

3. 작은 볼에 재료를 모두 넣고 섞어서 양념을 만들어요.

4. 팬을 키친타월로 닦아내고, 중간 불에 올려요.

5. 두부를 넣고 그 위에 양파와 대파, 양념을 올리고 물을 부어요.

6. 국물을 숟가락으로 떠서 끼얹으며 자작해질 때까지 줄여요.

엄마의 손맛 TIP

- 두부를 부쳐야 부서지지 않아요. 팬이 달궈지면 두부를 부쳐요.
- 국간장이 없으면 멸치액젓이나 새우젓을 넣어요.

PART **2** 오늘의 반찬 걱정을 싹 덜어내는 맛보장 밥반찬   깊은 맛 가득! 자작한 국물에 밥도 비벼요 **조림&찜**

순두부달걀찜

부드러운 식감을 내는 식재료들이 모두 만났어요.
더욱 곱고 부드러워지도록 우유를 더하는 것이 포인트예요.

재료
순두부 1봉지(400g), 달걀 3개, 당근 1/4개(20g), 쪽파 4줄기, 간장 1/2큰술, 소금 1/3큰술, 참기름 1/2큰술, 우유 1/2컵(100ml)

만들기

1. 볼에 달걀을 깨뜨려 넣어요. 우유와 간장, 소금을 넣고 거품기나 포크로 풀어서 달걀물을 만들어요.

2. 다른 볼에 체를 올려요. 달걀물을 체에 붓고 숟가락으로 저으며 걸러요.

3. 당근과 쪽파는 잘게 다져요.

4. 내열 용기에 참기름을 두르고, 키친타월로 문질러서 골고루 발라요.

5. 내열 용기에 달걀물을 붓고, 순두부를 넣어서 숟가락으로 으깨요.

6. 당근과 쪽파를 넣고 섞은 다음 랩을 씌워요.

7. 센 불에 오목한 팬을 올리고 1/3 높이 정도로 물을 부어요. 바닥에 키친타월을 깔아요.

8. 내열 용기를 팬에 넣고 물이 끓기 시작하면 중간 불로 낮춰서 뚜껑을 닫은 채 25분간 중탕해요.

엄마의 손맛 TIP

- 달걀물을 체에 거르면 더욱 곱고 부드러워져요.
- 팬 바닥에 깨끗한 행주나 키친타월을 깔고 내열 용기를 올리면 중탕할 때 미끄러지지 않아요.

PART 2 오늘의 반찬 걱정을 싹 덜어내는 맛보장 밥반찬   깊은 맛 가득! 자작한 국물에 밥도 비벼요 **조림&찜**

새송이버섯조림

쫄깃쫄깃한 새송이버섯으로 만드는 담백한 조림이에요.
향긋한 들기름이 은은한 새송이버섯의 향과 잘 어우러져요.

재료

새송이버섯 4개, 대파(흰 부분) 1대, 부추 2줌(40g), 청양고추 1개, 홍고추 1개, 마늘 3쪽, 간장 3큰술, 매실액 1큰술, 물엿 1큰술, 들기름 1큰술, 식용유 1큰술, 후춧가루 약간, 통깨 약간, 물 3큰술

만들기

1. 새송이버섯은 밑동을 잘라내고, 흐르는 물에 살살 씻어요. 반으로 자른 다음 5mm 두께로 썰어요.

2. 부추는 뿌리와 상한 잎을 떼어내고 씻은 다음 송송 썰어요. 대파와 청양고추, 홍고추는 어슷하게 썰어요. 마늘은 얇게 편으로 썰어요.

3. 중간 불에 프라이팬을 올리고 식용유를 둘러요. 마늘을 넣고 볶다가 향이 올라오면 새송이버섯을 넣고 겉이 살짝 익을 때까지 볶아요.

4. 간장과 매실액, 물엿, 물을 넣고 약한 불로 낮춰서 새송이버섯에 간장 색이 들 때까지 졸이듯 볶아요.

5. 중간 불로 올린 다음 대파와 부추, 청양고추, 홍고추를 넣고 숨이 죽을 때까지 볶아요.

6. 들기름과 통깨, 후춧가루를 넣고 마무리해요.

PART 2 　오늘의 반찬 걱정을 싹 덜어내는 맛보장 밥반찬　　깊은 맛 가득! 자작한 국물에 밥도 비벼요 **조림&찜**

무조림

양념이 잘 배어든 매콤한 무조림만 있으면 밥그릇이 순식간에 비워져요.
무는 소화를 돕고, 감기에도 좋으니 몸이 으슬으슬할 때 먹기를 추천해요.

재료

무 1개, 국물용 멸치 1줌(20~30마리), 대파 1대, 청고추 2개, 홍고추 1개, 표고버섯 2개, 물 3컵(600ml)

양념

간장 5큰술, 생강청 1/2큰술, 물엿 1큰술, 멸치액젓 2큰술, 맛술 2큰술, 고춧가루 5큰술, 설탕 1큰술, 다진 마늘 1큰술

만들기

1. 무를 깨끗이 씻은 다음 껍질을 벗겨요. 꼭지와 뿌리를 잘라내고 2cm 두께로 슬라이스한 다음 반달 썰기를 해요. 표고버섯은 흐르는 물에 씻은 다음 끝부분을 잘라내고 반으로 썰어요. 대파와 청고추, 홍고추는 어슷하게 썰어요.

2. 센 불에 오목한 팬을 올리고 무와 멸치, 표고버섯을 넣고 물을 부어요.

3. 양념 재료를 모두 넣은 다음 10분간 끓여요.

4. 대파와 청고추, 홍고추를 넣고 중간 불로 낮춰서 무가 푹 익을 때까지 40분간 졸여요.

- 무가 너무 넓적하면 반달 썰기를 하는 대신 4등분해요.
- 덜 맵게 먹고 싶으면 고춧가루를 1~2큰술 줄여요.

PART 2　오늘의 반찬 걱정을 싹 덜어내는 맛보장 밥반찬　깊은 맛 가득! 자작한 국물에 밥도 비벼요 **조림&찜**

감자조림

부스러지기 쉬운 감자조림에 엄마의 노하우를 더했어요.
졸이기 전 휘리릭 겉면을 볶아서 쫀득하면서 폭신하게 완성해봐요.

재료
감자 3개, 양파 1개, 대파 1/2대, 식용유 2큰술, 통깨 약간

양념
간장 4큰술, 물엿 1큰술과 1/2큰술, 다진 마늘 1/2큰술, 물 1/2컵 (100ml)

만들기

1. 감자의 껍질을 벗기고 씻어요. 반으로 자른 다음 큰 감자는 6등분, 작은 감자는 4등분해요. 양파는 반으로 자른 다음 6등분하고, 대파는 어슷하게 썰어요.

2. 찬물에 감자를 10분간 담가서 전분기를 뺀 다음 깨끗한 물에 두 번 씻어요.

3. 센 불에 오목한 팬을 올리고 식용유를 둘러요. 감자를 넣고 겉이 살짝 익을 때까지 볶아요.

4. 양파를 넣고 투명해질 때까지 볶아요.

5. 양념 재료를 모두 넣고 중간 불로 낮춰서 국물이 자작해질 때까지 졸여요.

6. 대파와 통깨를 넣고 한소끔 볶은 다음 불을 꺼요.

- 감자를 찬물에 담가야 전분기가 빠져서 쫀득해져요.

PART **2** 오늘의 반찬 걱정을 싹 덜어내는 맛보장 밥반찬   깊은 맛 가득! 자작한 국물에 밥도 비벼요 **조림&찜**

소고기메추리알장조림

결대로 찢어진 소고기와 양념이 속까지 밴 메추리알.
생각만 해도 뜨끈한 밥이 떠오르지요?

재료

소고기(양지) 600g, 메추리알 1팩(20개), 양파 1개, 대파 1대, 홍고추 1개, 마늘 20쪽, 간장 120ml, 맛술 100ml, 설탕 2큰술, 통후추 8알, 물 6컵(1.2L)

만들기

1. 센 불에 냄비를 올리고 물을 절반 정도 부어요. 메추리알을 넣고 5분간 삶은 다음 건져서 껍질을 까요.

2. 소고기를 큼직하게 썬 다음 흐르는 물에 씻어요. 체에 받쳐 물기를 빼요.

3. 양파는 반으로 자르고, 대파는 가위로 큼직하게 잘라요.

4. 센 불에 냄비를 올리고 분량의 물을 부어요. 소고기와 양파, 대파, 마늘, 맛술, 통후추를 넣고 뚜껑을 연 채 소고기가 완전히 익을 때까지 끓여요. 국자로 거품을 걷어내요.

5. 간장과 설탕을 넣고 뚜껑을 연 채 5분간 끓여요.

6. 메추리알을 넣고 중간 불로 낮춰서 뚜껑을 닫아요. 소고기에 간이 배고 국물이 걸쭉해지기 전까지 졸여요.

7. 다시 센 불로 올리고 뚜껑을 연 채 10분간 졸여요. 먹기 전에 소고기를 꺼내서 결대로 찢어요.

2

4

6

7

엄마의 손맛 TIP

- 소고기는 부드럽고 고소한 양지를 추천하지만 우둔살이나 사태 등 다른 부위를 사용해도 좋아요.
- 완성된 장조림은 한끼 분량씩 소분해서 냉장실에 보관하고, 먹기 직전 전자레인지에 데워요.

PART 2 오늘의 반찬 걱정을 싹 덜어내는 맛보장 밥반찬   깊은 맛 가득! 자작한 국물에 밥도 비벼요 **조림&찜**

소고기가지찜

소고기와 궁합이 찰떡인 가지로 만든 고소하고 부드러운 반찬.
가지를 싫어하는 사람이 먹어도 깜짝 놀랄 만큼 맛있어요.

재료
소고기 간 것 200g, 가지 2개, 대파 1/2대, 청·홍고추 1개씩

밑간
간장 2큰술, 설탕 1큰술, 다진 마늘 1큰술, 후춧가루 약간

만들기

1. 가지를 깨끗이 씻은 다음 꽃받침을 떼어내요. 5mm 두께로 2/3 높이까지 칼집을 네 번 내고, 다섯 번째에는 완전히 썰어요. 가지가 굴러다니지 않도록 아랫면을 얇게 잘라서 평평하게 만들어요.

2. 대파는 열십자로 길게 자른 다음 잘게 다지고, 청·홍고추도 길게 잘라서 씨를 털어낸 다음 잘게 다져요.

3. 볼에 다진 소고기와 밑간 재료를 모두 넣고 버무려요.

4. 대파와 청·홍고추를 넣고 섞어서 속재료를 만들어요.

5. 칼집 낸 가지 틈새에 속재료를 채워 넣어요.

6. 오목한 그릇에 가지를 담아요. 센 불에 냄비를 올리고 찜기를 넣은 다음 찜기에 닿지 않을 정도로 물을 부어요. 김이 오르면 찜기에 그릇을 올리고 뚜껑을 닫은 채 30분간 쪄요.

• 가지를 찔 때 물이 많이 나와서 그릇에 담은 채로 찌는 게 좋아요.

PART **2** 오늘의 반찬 걱정을 싹 덜어내는 맛보장 밥반찬   깊은 맛 가득! 자작한 국물에 밥도 비벼요 **조림&찜**

항정살된장조림

전통 한식 스타일로 항정살을 된장 양념에 졸이는 레시피를 소개해요.
느끼함을 잡아 항정살이 20배는 더 맛있어진답니다.

재료
항정살 250g, 어린잎채소(또는 돈나물, 새싹채소) 2줌, 홍고추 1개, 올리고당 1큰술, 참기름 1/2큰술

밑간
생강 1조각, 배즙 2큰술, 청주 2큰술, 소금 1꼬집, 후춧가루 약간

양념
대파 1/2대, 된장 1과 1/2큰술, 간장 1큰술, 맛술 2큰술, 설탕 1/2큰술, 다진 마늘 1큰술, 들기름 1/2큰술, 후춧가루 약간

만들기

1. 항정살은 반으로 잘라요.

2. 대파는 송송 썰고, 홍고추는 어슷하게 썰어요. 생강은 얇게 편으로 썰어요.

3. 볼에 항정살과 생강을 넣어요. 나머지 밑간 재료도 모두 넣고 버무린 다음 10분간 재워둬요.

4. 중간 불에 프라이팬을 올려서 달궈요. 항정살과 홍고추를 넣고 앞뒤로 노릇하게 구워요.

5. 불을 끄고, 항정살을 덜어둬요. 키친타월로 팬의 기름을 닦아내고 약한 불을 켜요. 대파와 나머지 양념 재료를 모두 넣고 섞어요.

6. 양념이 끓어오르면 항정살을 넣고 졸여요.

7. 올리고당과 참기름을 넣고 버무린 다음 어린잎채소를 깐 그릇에 담아요.

엄마의 손맛 TIP

- 생강이 항정살의 느끼함과 잡내를 잡아줘요.
- 배즙이 없으면 양파즙을, 청주가 없으면 맛술이나 미림을 넣어요.
- 센 불이나 중간 불에 졸이면 양념이 타니, 약한 불로 조리해요.

PART 2 　오늘의 반찬 걱정을 싹 덜어내는 맛보장 밥반찬　　깊은 맛 가득! 자작한 국물에 밥도 비벼요 **조림&찜**

코다리조림

비린내 없이 매콤하고 시원하게 코다리조림을 만드는 비법,
엄마의 양념에 담겨 있답니다!

재료

코다리 2마리, 무 1/2개, 양파 1/2개, 대파 1대, 청양고추 3개, 물 1/4컵(50ml)

양념

간장 1/2컵(100ml), 물엿 2큰술, 매실액 2큰술, 맛술 3큰술, 고춧가루 5큰술, 다진 마늘 1큰술, 참기름 1큰술, 식용유 2큰술

만들기

1. 코다리의 지느러미와 머리를 잘라낸 다음 몸통을 4등분해요. 잘라낸 머리에서 입과 눈 부분만 잘라서 버리고 나머지는 함께 조리해요. 아가미와 내장이 있던 부위의 이물질을 손으로 떼어내면서 깨끗이 씻어요.

2. 무를 1.5~2cm 두께로 슬라이스한 다음 반달 썰기를 해요. 양파는 채 썰고, 대파와 청양고추는 어슷하게 썰어요.

3. 작은 볼에 재료를 모두 넣고 섞어서 양념을 만들어요.

4. 센 불에 오목한 팬을 올리고 무를 넣은 다음 그 위에 코다리를 올려요. 양념을 넣고, 물을 부은 다음 뚜껑을 닫은 채 끓여요.

5. 국물이 끓어오르면 중간 불로 낮춰서 10분간 졸여요.

6. 양파와 대파, 청양고추를 넣고 뚜껑을 닫은 채 국물이 절반 이상 사라질 때까지 졸여요.

- 코다리의 지느러미는 가위로 잘라내요.

PART **2**　오늘의 반찬 걱정을 싹 덜어내는 맛보장 밥반찬　　깊은 맛 가득! 자작한 국물에 밥도 비벼요 **조림&찜**

삼치간장조림

데리야끼 소스를 넣은 듯 달콤하고 짭조름하게 줄인 삼치.
학교를 다닐 때 급식으로 먹던 스타일로 만들어볼게요.

재료
삼치 1마리, 마늘 3쪽, 생강 3조각, 감자전분 2큰술, 맛술 2큰술, 식용유 약간, 후춧가루 약간

양념
간장 3큰술, 맛술 2큰술, 설탕 1큰술, 물 4큰술

만들기

1. 삼치는 깨끗이 씻은 다음 키친타월로 눌러서 물기를 제거해요.

2. 삼치를 3~4등분한 다음 맛술과 후추를 뿌려서 밑간해요.

3. 마늘은 얇게 편으로 썰고, 생강은 채 썰어요.

4. 삼치 양면에 감자전분을 뿌려서 묻혀요.

5. 중간 불에 프라이팬을 올리고 식용유를 넉넉하게 둘러요. 삼치를 넣고 앞뒤로 노릇하게 구운 다음 덜어둬요.

6. 약한 불로 낮춰서 팬에 양념 재료를 모두 넣어요. 양념이 끓어오르면 삼치와 마늘, 생강을 넣어요.

7. 삼치를 뒤집어가며 국물이 거의 보이지 않을 때까지 졸여요.

- 손질된 삼치를 구매해도 등뼈가 남아 있으면 칼을 옆으로 뉘여서 포를 뜨듯 등뼈를 발라내요.
- 삼치를 굽기 전에 감자전분(또는 녹말가루)을 묻히면 살이 부서지지 않아요.

PART 2 오늘의 반찬 걱정을 싹 덜어내는 맛보장 밥반찬 지글지글한 소리가 식욕을 돋우는 **전&구이**

배추전

알배추라고도 불리는 노란 배추 속잎은 겨울이 되면 달큰한 맛을 내요.
만들기 쉽고 소화에도 좋은 배추전을 식탁에 올리는 건 어떤가요?

재료

배추 속잎 6~8장, 달걀 1개, 부침가루 1컵(200g), 식용유 적당량, 물 1/6컵(120ml)

초간장

간장 1큰술, 식초 1/2큰술, 미림 1큰술, 통깨 약간, 물 1큰술

만들기

1. 배추 속잎을 1장씩 뜯어서 깨끗이 씻어요.

2. 볼에 부침가루를 붓고, 달걀을 깨트려 넣어요. 물을 조금씩 부어가며 섞어서 반죽을 만들어요. 반죽을 떠 올렸을 때 뚝뚝 떨어지는 농도가 적당해요.

3. 중간 불에 프라이팬을 올리고 식용유를 둘러요.

4. 배추 속잎을 1장씩 반죽에 담갔다 빼서 앞뒤로 노릇하게 부쳐요. 초간장을 만들어서 곁들여요.

- 줄기 끝이 동그랗게 말려 있으면 세로로 칼집을 내서 평평하게 펴요.

PART **2** 오늘의 반찬 걱정을 싹 덜어내는 맛보장 밥반찬　　지글지글한 소리가 식욕을 돋우는 **전&구이**

깻잎전

특유의 향긋함을 품고 있는 깻잎에 고소함을 더해요.
속재료 없이 부쳐서 가볍게 즐겨요.

재료

깻잎 20장, 달걀 1개, 튀김가루 1컵(200g), 소금 1/8큰술, 식용유 적당량, 얼음물 1컵(200ml)

만들기

1. 깻잎을 씻은 다음 체에 밭쳐 물기를 빼요.

2. 볼에 달걀을 깨뜨려 넣고, 튀김가루와 소금을 넣어요. 얼음물을 조금씩 부어가며 섞어서 반죽을 만들어요. 반죽을 떠 올렸을 때 뚝뚝 떨어지는 농도가 적당해요.

3. 중간 불에 프라이팬을 올리고 식용유를 둘러요.

4. 깻잎을 2장씩 포개서 반죽에 담갔다 빼서 앞뒤로 노릇하게 부쳐요.

- 깻잎을 1장씩 부치면 씹는 식감이 덜해요.

PART 2 오늘의 반찬 걱정을 싹 덜어내는 맛보장 밥반찬   지글지글한 소리가 식욕을 돋우는 **전&구이**

애호박전

동글동글 애호박을 그대로 썰면 준비 끝!
노릇하게 부쳐내면 입에 쏙쏙 들어가는 전이 완성돼요.

재료

애호박 1개, 달걀 2개, 밀가루 1컵(200g), 식용유 적당량, 소금 약간

초간장

간장 1큰술, 식초 1/2큰술, 설탕 1큰술

만들기

1. 애호박을 깨끗이 씻은 다음 위아래의 꼭지를 잘라내요. 3~5mm 두께로 슬라이스해요.

2. 트레이에 애호박을 올리고, 소금을 뿌려요. 납작한 그릇에 달걀을 깨뜨려 넣고, 거품기나 포크로 풀어서 달걀물을 만들어요. 납작한 그릇에 밀가루를 부어요.

3. 애호박 양면에 밀가루를 살짝 묻혀요.

4. 중간 불에 프라이팬을 올리고 식용유를 둘러요.

5. 애호박을 달걀물에 담갔다가 빼서 앞뒤로 노릇하게 부쳐요.

6. 작은 볼에 재료를 모두 넣고 섞어서 초간장을 만들어요.

• 식용유를 넉넉하게 두르고 부쳐야 타지 않아요.

PART 2　오늘의 반찬 걱정을 싹 덜어내는 맛보장 밥반찬　　지글지글한 소리가 식욕을 돋우는 **전&구이**

육전

명절이 더욱 풍성해지는 음식을 준비했어요.
고기의 잡내가 나지 않도록 비법 양념을 발라서 만들어요.

재료

불고기용 소고기(앞다리살) 300g, 달걀 3개, 쪽파 3~4줄기, 마늘 6쪽, 찹쌀가루 1컵(200g), 밀가루 1컵(200g), 식용유 적당량

양념

간장 1/2큰술, 맛술 1/2큰술, 설탕 1큰술, 참기름 1/2큰술, 후춧가루 약간

만들기

1. 소고기는 키친타월로 눌러서 핏물을 제거해요.
2. 작은 볼에 재료를 모두 넣고 섞어서 양념을 만들어요.
3. 넓은 그릇에 소고기를 펼쳐서 올리고, 숟가락을 세워서 옆면으로 살살 두드려요. 양념을 발라요.
4. 납작한 그릇에 찹쌀가루와 밀가루를 붓고 섞어요.
5. 볼에 달걀을 깨뜨려 넣고, 거품기나 포크로 풀어서 달걀물을 만들어요. 중간중간 가위로 알끈을 잘라요.
6. 쪽파는 송송 썰고, 마늘은 채 썰어요. 작은 볼에 마늘을 넣고, 잠길 정도로 식용유를 부은 다음 향이 우러나오도록 섞어서 마늘기름을 만들어요.
7. 약한 불에 프라이팬을 올리고 마늘기름을 둘러요.
8. 소고기 양면에 섞어둔 가루를 살짝 묻힌 다음 달걀물에 담갔다 빼서 팬에 올려요. 쪽파를 올리고 앞뒤로 노릇하게 부쳐요.

- 소고기는 홍두깨살이나 우둔살, 채끝살을 사용해도 맛있어요.
- 찹쌀가루와 밀가루를 섞으면 전이 쫄깃하면서 부드러워지고 모양이 잘 유지돼요.

PART **2** 오늘의 반찬 걱정을 싹 덜어내는 맛보장 밥반찬   지글지글한 소리가 식욕을 돋우는 **전&구이**

갈랍전

충청도에서 빼놓지 않고 차례상에 올리는 명절 음식을 소개할게요.
밥반찬으로도 좋고, 술안주로도 아주 최고예요.

재료
돼지고기 간 것 180g, 달걀 1개, 쪽파 5줄기, 밀가루 1컵(200g), 부침가루 1컵(200g), 식용유 적당량, 물 1컵(200ml)

만들기

1 쪽파는 송송 썰어요.

2 볼에 밀가루와 부침가루를 넣고, 달걀을 깨뜨려 넣어요. 덩어리지지 않게 섞어서 반죽을 만들어요.

3 중간 불에 프라이팬을 올리고 식용유를 둘러요.

4 반죽을 숟가락으로 떠서 동그랗게 올리고, 그 위에 돼지고기와 쪽파를 올려요. 앞뒤로 노릇하게 부쳐요.

• 반죽을 숟가락으로 떠 올리면 딱 적당한 크기로 부칠 수 있어요.

PART **2** 오늘의 반찬 걱정을 싹 덜어내는 맛보장 밥반찬 지글지글한 소리가 식욕을 돋우는 **전&구이**

크래미팽이버섯전

크래미와 팽이버섯, 평범한 재료로 정성을 가득 담은 맛을 내요.
재료를 모두 섞어서 부치기만 하면 되는 간단한 레시피입니다.

재료

크래미 5개, 팽이버섯 2봉지, 달걀 2개, 노랑 파프리카 1/2개, 대파 1대, 청고추 2개, 홍고추 1개, 부침가루 2큰술, 소금 1/2큰술, 후춧가루 약간, 식용유 적당량

만들기

1. 팽이버섯은 밑동을 자르고 흐르는 물에 살살 씻은 다음 가닥가닥 나눠요. 3cm 길이로 잘라요. 크래미는 세로로 길게 자른 다음 잘게 다져요.

2. 노랑 파프리카는 속을 털어낸 다음 잘게 다져요. 대파는 반으로 길게 자른 다음 잘게 다져요. 청고추와 홍고추도 길게 자른 다음 씨를 털어내고 잘게 다져요.

3. 볼에 팽이버섯과 크래미, 노랑 파프리카, 대파, 청고추, 홍고추, 소금, 후춧가루를 넣어요. 달걀을 깨뜨려 넣고, 부침가루를 넣고 섞어서 반죽을 만들어요.

4. 약한 불에 프라이팬을 올리고 식용유를 둘러요.

5. 반죽을 숟가락으로 떠서 동그랗게 올리고, 앞뒤로 노릇하게 부쳐요.

엄마의 손맛 TIP

- 크래미 대신 맛살을 넣어도 좋아요.
- 반죽을 조금씩 떠 올려서 작은 크기로 부쳐야 맛있어요.

PART 2 오늘의 반찬 걱정을 싹 덜어내는 맛보장 밥반찬   지글지글한 소리가 식욕을 돋우는 **전&구이**

어묵고추전

어묵과 고추의 짭쪼름하고 알싸한 맛의 조화!
예쁜 모양으로 전을 부치고 싶을 때 한번 도전해봐요.

재료

부들 어묵 4개, 달걀 3개, 청양고추 2개, 홍고추 2개, 소금 약간, 식용유 적당량

만들기

1. 납작한 그릇에 달걀을 깨뜨려 넣고, 소금을 넣어요. 거품기나 포크로 풀어서 달걀물을 만들어요.

2. 어묵의 뚫린 공간에 청양고추와 홍고추를 꽂아요.

3. 어묵을 1~1.5cm로 썰어요.

4. 청양고추와 홍고추가 번갈아가며 보이도록 나무 꼬치에 어묵을 꽂아요.

5. 약한 불에 프라이팬을 올리고 식용유를 둘러요.

6. 어묵을 달걀물에 담갔다가 빼서 앞뒤로 노릇하게 부쳐요.

- 어묵을 너무 두껍게 썰면 익히는 시간이 오래 걸려요.
- 달걀물을 입히면 모양이 잘 잡힌 채로 구워져요.

PART 2 오늘의 반찬 걱정을 싹 덜어내는 맛보장 밥반찬   지글지글한 소리가 식욕을 돋우는 **전&구이**

파산적

명절 요리의 대표 주자이자 끝판왕, 파산적.
어렵지 않아요! 쪽파와 소고기만 있으면 된답니다.

재료

소고기(홍두깨살) 250g, 쪽파 10줄기, 소금 1꼬집, 참기름 1/2큰술, 식용유 적당량

밑간

간장 1/2큰술, 설탕 1/3큰술, 다진 마늘 1/2큰술, 참기름 1/2큰술, 후춧가루 약간

만들기

1. 쪽파는 뿌리와 상한 잎을 다듬고 깨끗이 씻은 다음 5~6cm로 잘라요.

2. 소고기는 키친타월로 눌러서 핏물을 제거한 다음 6~7cm로 썰어요. 소고기를 5mm 두께로 썰고, 칼날로 살살 두들겨서 잘게 칼집을 내요.

3. 트레이에 쪽파를 담고, 소금과 참기름을 넣고 버무려요.

4. 볼에 소고기와 밑간 재료를 모두 넣고 버무려요.

5. 나무 꼬치에 쪽파와 소고기를 번갈아가며 끼워서 파산적을 만들어요.

6. 약한 불에 프라이팬을 올리고 식용유를 둘러요.

7. 소고기가 익을 때까지 앞뒤로 부쳐요.

- 소고기는 익으면 오그라들기 때문에 쪽파보다 1~2cm 길게 썰고, 간에 잘 배도록 칼날로 두들겨서 칼집을 내요.

PART **2** 오늘의 반찬 걱정을 싹 덜어내는 맛보장 밥반찬   지글지글한 소리가 식욕을 돋우는 **전&구이**

참치김치부침개

바삭바삭한 맛이 일품인 참치김치부침개를 만들어볼게요.
반죽을 잘못하면 질어지니까 물을 조금씩 부어서 농도를 맞춰요.

재료

김치 1/4쪽(250g), 캔 참치 1통, 대파 1대, 부침가루 1컵(200g), 튀김가루 1컵(200g), 식용유 적당량, 물 1과 1/4컵(250ml)

만들기

1. 김치와 대파는 송송 썰어요. 캔 참치는 기름기를 따라내요.

2. 볼에 부침가루와 튀김가루를 넣고, 물을 조금씩 부으며 섞어서 반죽을 만들어요. 반죽을 떠 올렸을 때 또르륵 떨어지는 농도가 적당해요.

3. 반죽에 김치와 대파, 참치를 넣고 섞어요.

4. 중간 불에 프라이팬을 올리고 식용유를 둘러요.

5. 국자로 반죽을 떠서 올리고, 가장자리가 바삭해지면 뒤집어서 노릇하게 부쳐요.

엄마의 손맛 TIP

- 참치의 기름기를 빼야 담백하고 고소해요.
- 부침가루에 튀김가루를 섞어서 반죽하면 더욱 바삭해져요. 튀김가루가 없으면 밀가루를 사용해요.
- 달걀을 넣으면 부풀어오르는 성질 때문에 쫀득함이 덜해요. 취향에 따라 달걀을 넣어도 되지만 그만큼 물의 양을 줄여서 반죽해요.

PART 2 오늘의 반찬 걱정을 싹 덜어내는 맛보장 밥반찬   지글지글한 소리가 식욕을 돋우는 **전&구이**

더덕구이

쌉싸름하게 구워낸 더덕을 입에 넣으면 가을이 왔다는 게 느껴져요.
더덕구이의 향긋한 냄새가 식탁을 더욱 풍성하게 만들어줄 거예요.

재료
더덕 5~7개(250g), 소금 1/2큰술, 식용유 적당량, 통깨 약간

유장
간장 1큰술, 참기름 1큰술

양념
대파 1/2대, 고추장 2큰술, 간장 1/2큰술, 고춧가루 1/2큰술, 설탕 1/2큰술, 올리고당 1큰술, 다진 마늘 1큰술, 참기름 1/2큰술

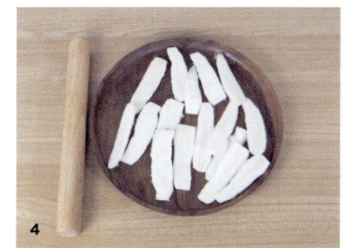

만들기

1. 더덕은 깨끗이 씻어요. 센 불에 냄비를 올리고 물을 부은 다음 소금을 넣어요. 물이 끓어오르면 더덕을 넣고 30초간 데쳤다 건져서 바로 찬물에 씻어서 열기를 빼요.
2. 더덕의 껍질을 돌려가며 벗긴 다음 찬물에 담가요.
3. 더덕을 3~5mm 두께로 슬라이스한 다음 키친타월로 눌러서 물기를 제거해요.
4. 밀대로 더덕을 살살 두들긴 다음 밀어서 납작하게 펴요.

5. 대파는 반으로 길게 자른 다음 잘게 다져요.
6. 작은 볼에 재료를 모두 넣고 섞어서 유장을 만들어요.
7. 다른 볼에 대파를 넣고, 나머지 재료도 모두 넣고 섞어서 양념을 만들어요.
8. 트레이에 더덕을 올리고 유장을 앞뒤로 발라요.

9. 약한 불에 프라이팬을 올려요. 더덕을 넣고 앞뒤로 구웠다가 덜어서 한 김 식혀요.
10. 더덕 양면에 양념 절반 분량을 발라요.
11. 약한 불에 프라이팬을 올리고 식용유를 두른 다음 키친타월로 닦아내듯 문질러요.
12. 더덕을 앞뒤로 구워요. 나머지 양념을 바른 다음 한 번 더 앞뒤로 구워요. 통깨를 뿌려요.

엄마의 손맛 TIP

- 더덕을 데치면 진액이 덜 나오고 껍질을 벗기기 쉬워요. 껍질을 벗긴 더덕은 찬물에 담가야 갈변 현상을 막고 쓴맛을 없앨 수 있어요.
- 더덕의 물기를 꼼꼼히 닦아야 양념이 잘 배요.

PART 3

하나만 있어도 푸짐하고 근사한
메인 반찬

외식 메뉴가 부럽지 않은 상차림 음식을 소개해요.

PART 3 　 하나만 있어도 푸짐하고 근사한 메인 반찬

월남쌈

채소들을 손질하고 소고기를 볶으면 먹을 준비 끝!
간단하지만 푸짐해서 손님에게 대접하는 요리로도 좋아요.

재료

라이스페이퍼 8~10장, 소고기(부채살) 200g, 맛살 5개, 적양배추 1/10통(100g), 빨강·노랑 파프리카 1/2개씩, 오이 1개, 통조림 파인애플 2조각(250g), 깻잎 10장, 무순 1~2줌

밑간

간장 1큰술, 설탕 1/2큰술, 참기름 1/2큰술, 후춧가루 약간

피쉬소스

까나리액젓 2큰술, 통조림 파인애플 국물 4큰술, 식초 1큰술, 레몬즙 1/2큰술, 설탕 1/2큰술, 다진 마늘 1/2큰술

만들기

1. 볼에 소고기와 밑간 재료를 모두 넣고 버무려서 재워둬요.

2. 오이를 깨끗이 씻은 다음 위아래의 꼭지를 잘라내요. 3등분한 다음 껍질을 돌려 깎기해서 채 썰어요. 맛살은 3등분한 다음 채 썰고, 빨강·노랑 파프리카는 속을 파낸 다음 채 썰어요. 양배추는 결대로 채 썰고, 깻잎은 여러 장을 겹쳐서 돌돌 만 다음 채 썰어요. 파인애플은 길게 썰고, 무순은 깨끗이 씻어서 물기를 빼요.

3. 센 불에 프라이팬을 올리고, 소고기를 넣고 볶아요.

4. 작은 볼에 재료를 모두 넣고 섞어서 피쉬소스를 만들어요.

5. 납작한 그릇에 따뜻한 물을 붓고, 라이스페이퍼를 담갔다 빼요.

6. 라이스페이퍼를 펼친 다음 채소와 소고기를 올려서 돌돌 말아요. 피쉬소스를 곁들여요.

 **엄마의 손맛 TIP**

- 통조림 파인애플 대신 사과를 채 썰어서 넣어도 좋아요.
- 월남쌈을 살짝 굽거나 튀겨서 먹어도 맛있어요.

PART 3   하나만 있어도 푸짐하고 근사한 메인 반찬

청포묵무침

탱글탱글한 청포묵무침을 만들어볼까요?
청포묵은 포만감을 높여줘서 다이어트할 때 먹기 좋답니다.

재료
청포묵 1모(400g), 달걀 1개, 조미김 약간, 소금 1/2큰술, 식용유 약간

양념
간장 1/2큰술, 참기름 1큰술, 통깨 2큰술

만들기

1. 청포묵은 1cm 두께로 길게 썰어요. 가위로 조미김을 길게 잘라요.

2. 센 불에 오목한 팬을 올리고 물을 부은 다음 소금을 넣어요. 물이 끓어오르면 청포묵을 넣고 투명해질 때까지 데친 다음 건져서 체에 받쳐 물기를 빼요.

3. 볼에 달걀을 깨뜨려 넣고, 거품기나 포크로 풀어서 달걀물을 만들어요.

4. 약한 불에 프라이팬을 올리고 식용유를 둘러요. 달걀물을 부어서 지단을 부친 다음 돌돌 말아서 길게 썰어요.

5. 볼에 청포묵과 양념 재료를 모두 넣고 버무려요.

6. 조미김과 지단을 넣고 버무려요.

- 청포묵을 숟가락이나 젓가락으로 버무리면 부서지기 쉬워요. 손에 힘을 뺀 채 조물조물 버무려요.

PART 3　하나만 있어도 푸짐하고 근사한 메인 반찬

해파리냉채

무더운 여름, 사라진 입맛을 돋우는 새콤달콤한 요리예요.
해파리는 위장 기능을 강화하고 체했을 때 속을 가라앉혀준답니다.

재료

해파리 350g, 맛살 7개, 빨강·노랑 파프리카 1/2개씩, 오이 2개, 식초 3큰술, 설탕 2큰술, 소금 1/2큰술

소스

연겨자 1큰술, 식초 2큰술, 설탕 4큰술, 다진 마늘 2큰술, 물 1큰술

1

만들기

1. 해파리는 흐르는 물에 주무르면서 세 번 씻은 다음 찬물에 30~40분간 담가요.

2. 센 불에 냄비를 올리고 물을 부어요. 물이 끓어오르면 찬물 1컵을 부어요. 해파리를 넣고 젓가락으로 저으며 10초간 데쳐요.

3. 해파리를 건져서 찬물에 씻은 다음 체에 밭쳐 물기를 빼요. 볼에 해파리와 식초, 설탕을 넣고 섞어요.

3

4. 오이를 깨끗이 씻은 다음 위아래의 꼭지를 잘라내요. 4등분한 다음 돌려 깎기해서 채 썰고, 소금을 뿌려서 5분간 절여요.

5. 맛살은 3등분한 다음 손으로 가늘게 찢어요. 빨강·노랑 파프리카는 속을 파낸 다음 채 썰어요.

4&5

6. 작은 볼에 재료를 모두 넣고 섞어서 소스를 만들어요.

7. 절인 오이는 면보로 감싸 물기를 짜요.

6

8. 볼에 해파리와 채소, 소스를 넣고 버무려요.

7

엄마의 손맛 TIP

- 해파리는 소금에 절여져 있기 때문에 씻고 데쳐서 짠맛을 빼야 돼요.
- 해파리를 너무 높은 온도에서 데치면 딱딱해져요. 꼬들꼬들한 식감을 위해 끓는 물에 찬물을 부은 다음 따뜻한 온도에서 살짝만 데쳐요.

8

PART 3 하나만 있어도 푸짐하고 근사한 메인 반찬

꼬막무침

꼬막은 바다가 차가워지는 11월에 먹어야 맛있어요.
손질이 약간 번거롭지만 무치면 반찬으로도 비빔밥 재료로도 훌륭해요.

재료

꼬막 1Kg, 대파 1대, 청양고추 1개, 홍고추 1개, 맛술 2큰술, 소금 1큰술, 통깨 약간

양념

간장 2큰술, 참치액 1/2큰술, 매실액 1큰술, 맛술 2큰술, 고춧가루 1큰술, 설탕 1/2큰술, 다진 마늘 1큰술, 참기름 1큰술

만들기

1. 꼬막은 흐르는 물에 바락바락 주무르며 서너 번 깨끗이 씻어요.

2. 볼에 꼬막을 담고 잠길 정도로 물을 부어요. 소금을 넣고, 쇠숟가락을 담가요. 검은 비닐을 덮은 채 1시간 정도 해감해요.

3. 해감한 꼬막을 양손으로 비비며 두세 번 깨끗이 씻어요.

4. 센 불에 오목한 팬을 올리고 물을 부어요. 꼬막과 맛술을 넣은 다음 한쪽 방향으로 저으며 끓여요. 3~4개 정도가 입을 벌리면 불을 끄고 건져요.

5. 껍질을 열고 살을 분리한 다음 꼬막을 삶았던 물에 한 번 헹궈요. 체에 밭쳐 물기를 빼요.

6. 대파와 청양고추, 홍고추는 어슷하게 썰어요.

7. 작은 볼에 재료를 모두 넣고 섞어서 양념을 만들어요.

8. 볼에 꼬막과 대파, 청양고추, 홍고추, 양념을 넣고 무쳐요. 통깨를 넣고 마무리해요.

- 해감할 때 쇠숟가락을 담그면 쇠가 꼬막에 강한 자극을 주어, 순간적으로 입을 벌리며 뻘과 노폐물을 뱉어내요.
- 꼬막을 너무 오래 삶으면 살이 질겨져요.

PART **3** 하나만 있어도 푸짐하고 근사한 메인 반찬

두부김치

두부와 찰떡궁합을 자랑하는 김치!
들기름으로 볶고 부쳐서 고소함을 더해볼까요?

재료
두부 1모(290g), 김치 1/4쪽(450g), 양파 1개, 대파 1대, 고춧가루 1/2큰술, 설탕 1큰술, 다진 마늘 1큰술, 들기름 3큰술

만들기

1 두부는 키친타월로 눌러서 물기를 제거해요. 반으로 자른 다음 1cm 두께로 썰어요.

2 김치는 한입 크기로 썰어요.

3 양파는 얇게 채 썰고, 대파는 어슷하게 썰어요.

4 중간 불보다 살짝 약한 불에 프라이팬을 올리고 들기름 1큰술을 둘러요. 김치를 넣고 한소끔 볶아요.

5 설탕과 다진 마늘을 넣고 볶다가 향이 올라오면 고춧가루를 넣고 7~8분간 볶아요.

6 양파와 대파를 넣고 1~2분간 볶은 다음 통깨를 뿌리고 덜어둬요.

7 중간 불에 다른 프라이팬을 올리고 들기름 2큰술을 둘러요. 두부를 넣고 앞뒤로 노릇하게 부쳐요.

8 접시 한가운데에 김치를 올리고, 빙 둘러서 두부를 담아요.

• 취향에 따라 고춧가루를 가감해요.

PART 3 하나만 있어도 푸짐하고 근사한 메인 반찬

두부강정

두부를 튀겨서 달콤하고 매콤한 양념에 졸였어요.
겉은 바삭바삭, 속은 촉촉한 맛이 최고입니다.

재료
두부(큰 것) 1모(450g), 감자전분 5큰술, 참기름 1큰술, 식용유 약간, 통깨 약간

소스
고추장 1큰술, 간장 1큰술, 케첩 3큰술, 올리고당 2큰술, 설탕 1큰술, 다진 마늘 1/2큰술, 물 2큰술

2-1

만들기

1. 두부는 키친타월로 눌러서 물기를 제거한 다음 깍뚝 썰어요.

2. 비닐봉지에 두부와 감자전분을 넣고, 봉지 입구를 손으로 잡은 채 녹말가루가 골고루 묻도록 살살 흔들어요.

2-2

3. 중간 불보다 살짝 약한 불에 프라이팬을 올리고 식용유를 넉넉히 둘러요. 두부를 넣고 앞뒤로 뒤집어가며 튀겨요. 이 과정을 두 번 반복해요.

4. 약한 불에 오목한 팬을 올려요. 소스 재료를 모두 넣고 섞어요.

3

5. 소스가 끓어오르면 두부를 넣고 뒤적여요.

6. 불을 끄고, 참기름과 통깨를 넣고 마무리해요.

5

엄마의 손맛
TIP

• 두부에 감자전분(또는 녹말가루)을 입히면 모양도 좋고, 더욱 바삭하게 튀겨요.

PART 3 하나만 있어도 푸짐하고 근사한 메인 반찬

잡채

명절이 되면 접시에 수북히 쌓인 잡채가 생각나지 않나요?
그냥 먹어도 맛있고 잡채밥으로 응용해도 좋답니다.

재료

당면 500g, 소고기(홍두께살) 230g, 시금치 1/2단(100g), 당근 1/2개(40g), 양파 1개, 빨강·노랑 파프리카 1/2개씩, 표고버섯 4개, 목이버섯 7개, 느타리버섯 10개, 소금 5꼬집, 참기름 1/2큰술, 식용유 약간

밑간

간장 1/2큰술, 설탕 1/2큰술, 다진 마늘 1/2큰술, 소금 1꼬집, 참기름 1큰술

양념

간장 2/3컵, 설탕 3큰술, 참기름 약간, 후춧가루 약간, 통깨 약간

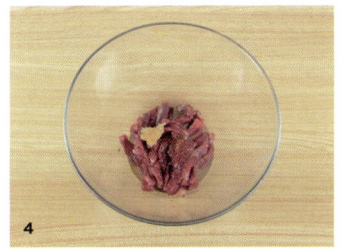

만들기

1. 시금치는 끓는 물에 데쳤다가 건져서 찬물에 헹궈요. 물기를 짠 다음 먹기 좋은 크기로 잘라서 소금 1꼬집과 참기름을 넣고 무쳐요.

2. 목이버섯은 물에 불렸다가 한입 크기로 뜯어요. 느타리버섯은 한 가닥씩 찢고, 표고버섯은 밑동을 잘라낸 다음 채 썰어요.

3. 당근과 양파, 빨강·노랑 파프리카는 채 썰어요.

4. 볼에 소고기와 밑간 재료를 모두 넣고 버무려요.

5. 중간 불에 프라이팬을 올려요. 소고기를 넣고 볶은 다음 덜어둬요.

6. 팬에 식용유를 둘러요. 양파와 당근, 빨강·노랑 파프리카, 모든 버섯을 소금 1꼬집과 함께 각각 볶은 다음 덜어둬요.

7. 센 불에 냄비를 올리고 물을 부어요. 물이 끓어오르면 당면과 식용유를 약간 넣고 8~10분간 삶아요.

8. 당면을 건져서 체에 밭쳐 물기를 빼요.

9. 볼에 당면을 넣고, 가위로 두 번 잘라요. 양념의 간장과 참기름을 조금 넣어서 당면을 코팅하듯 버무려요.

10. 채소와 소고기를 넣고, 나머지 양념 재료를 모두 넣고 버무려요.

엄마의 손맛 TIP

- 당면을 삶을 때 식용유를 넣으면 면이 서로 달라붙지 않아요.
- 당면에 간장과 참기름을 조금 넣고 코팅하듯 버무리면 당면이 불지 않고, 간이 잘 배서 더욱 맛있어요.

PART **3** 하나만 있어도 푸짐하고 근사한 메인 반찬

언양불고기

물기를 바싹 날려서 구운 언양식 불고기예요.
석쇠로 한 번 더 구워서 불맛과 향이 먹음직스럽게 배었어요.

재료
불고기용 소고기 200g, 쪽파 2줄기, 배즙 1큰술, 식용유 약간, 통깨 약간

양념
간장 1큰술, 매실액 1큰술, 다진 마늘 1/2큰술, 설탕 1/2큰술, 참기름 1큰술

만들기

1. 소고기는 키친타월로 눌러서 핏물을 제거해요. 듬성듬성 자른 다음 잘게 다져요.

2. 작은 볼에 재료를 모두 넣고 섞어서 양념을 만들어요.

3. 볼에 소고기와 배즙을 넣고 주무른 다음 양념을 넣고 치대서 30분간 재워둬요.

4. 종이호일을 깔고 그 위에 소고기를 올려서 둥글넙적하게 만들어요. 쪽파는 송송 썰어요.

5. 중간 불에 프라이팬을 올려요. 소고기를 넣고 앞뒤로 뒤집으며 80% 정도 익혀요.

6. 석쇠에 식용유를 바르고 중간 불보다 살짝 약한 불에 올려요. 석쇠에 소고기를 올려서 타지 않도록 높이를 조절하며 앞뒤로 노릇하게 구워요. 접시에 담고 쪽파와 통깨를 뿌려요.

- 고기에 배즙을 넣으면 야들야들하고 부드러워져요.

PART 3 하나만 있어도 푸짐하고 근사한 메인 반찬

돼지불백

돼지불백만 있어도 밥 한 공기를 뚝딱 비울 수 있지요!
집에서도 정말 맛있게 완성할 수 있는 레시피를 알려드려요.

재료

돼지고기(앞다리살) 530g, 양파 1/2개, 대파 1/2대, 식용유 약간

양념

간장 4큰술, 올리고당 1큰술, 매실액 2큰술, 맛술 2큰술, 설탕 1큰술, 다진 마늘 1큰술, 참기름 1/2큰술, 후춧가루 약간

만들기

1. 작은 볼에 모든 재료를 넣고 섞어서 양념을 만들어요.
2. 볼에 돼지고기와 양념을 넣고 주물러서 30분간 재워둬요.
3. 양파는 채 썰고, 대파는 송송 썰어요.
4. 중간 불에 프라이팬을 올리고 식용유를 둘러요. 돼지고기를 넣고 핏물이 보이지 않을 정도로 익혀요.
5. 양파와 대파를 넣고 2~3분 더 볶아요.
6. 물기가 거의 보이지 않을 때까지 바싹 익혀서 돼지고기에 불맛이 배도록 볶아요.

- 토치로 돼지고기의 겉면을 그을리면 더욱 맛있어요.

PART 3 　하나만 있어도 푸짐하고 근사한 메인 반찬

콩나물불고기

**매콤한 맛에 계속 생각나는 콩나물불고기.
양념만 만들면 금방 식탁에 차려낼 수 있어요.**

재료
대패 삼겹살 400g, 콩나물 1봉지 (300g), 양파 1/2개, 대파 1대

양념
고추장 2큰술, 간장 2큰술, 올리고당 1큰술, 매실액 1큰술, 생강청 1/2큰술, 맛술 2큰술, 고춧가루 3큰술, 설탕 1큰술, 다진 마늘 1큰술, 후춧가루 약간

만들기

1. 콩나물은 두세 번 씻은 다음 체에 받쳐 물기를 빼요. 양파는 채 썰고, 대파는 반으로 길게 자른 다음 4등분해요. 대패 삼겹살은 해동해서 준비해요.

2. 작은 볼에 모든 재료를 넣고 섞어서 양념을 만들어요.

3. 중간 불에 프라이팬을 올리고 대패 삼겹삽을 넣고 핏물이 보이지 않을 정도로 익혀요.

4. 대파를 넣고 돼지고기의 기름에 대파 향이 밸 때까지 볶은 다음 양파를 넣어요.

5. 콩나물과 양념을 넣고, 콩나물의 숨이 죽을 때까지 볶아요.

엄마의 손맛 TIP

• 뚜껑을 덮으면 콩나물에서 비린내가 나니 뚜껑을 연 채로 볶아요.

PART **3** 하나만 있어도 푸짐하고 근사한 메인 반찬

스팸돈가스

명절 전후로 집에 넘쳐나는 스팸!
구워 먹어도 맛있지만 돈가스로 변신시켜보면 어떨까요?

재료

스팸 1캔(340g), 달걀 2개, 밀가루 1컵(200g), 빵가루 1컵(200g), 식용유 적당량

만들기

1. 스팸을 체에 밭친 다음 전기 포트로 뜨거운 물을 끼얹어요. 키친타월로 스팸을 감싸서 물기를 제거해요.

2. 스팸을 4등분해요.

3. 납작한 그릇에 달걀을 깨뜨려 넣은 다음 거품기나 포크로 풀어서 달걀물을 만들어요. 납작한 그릇에 밀가루와 빵가루를 각각 부어요.

4. 스팸 양면에 밀가루를 묻힌 다음 달걀물에 담갔다 빼고 마지막으로 빵가루를 입혀요.

5. 오목한 팬에 식용유를 붓고 센 불로 가열해요. 빵가루를 떨어뜨렸을 때 바로 떠오르면 튀기기 적당한 온도(160~180℃)가 된 것이에요.

6. 스팸을 하나씩 넣고, 중간 불로 줄여서 겉면이 앞뒤로 노릇해질 때까지 튀긴 다음 건져요.

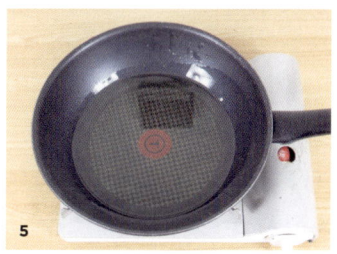

엄마의 손맛 TIP

• 뜨거운 물을 끼얹어서 스팸의 기름막을 제거해야 밀가루가 잘 밀착돼요.

PART **3** 하나만 있어도 푸짐하고 근사한 메인 반찬

닭봉구이

닭봉을 입 안에서 사르르 녹도록 구워볼까요?
연말 파티 음식으로도 좋고, 손님 초대 요리로도 안성맞춤이에요.

재료
닭봉 700g, 감자전분 1큰술, 식용유 약간

밑간
다진 마늘 1/2큰술, 맛술 1큰술, 후춧가루 약간

양념
간장 4큰술, 올리고당 2큰술, 맛술 2큰술, 고운 고춧가루 1/2큰술, 다진 마늘 1/2큰술, 후춧가루 약간

만들기

1. 닭봉에 칼집을 낸 다음 껍질을 떼어내요. 잘 뜯어지지 않으면 한쪽 손으로 잡아당기면서 칼로 살살 썰면서 떼요.

2. 닭봉을 두 번 씻은 다음 키친타월로 감싸 물기를 제거해요.

3. 볼에 닭봉과 밑간 재료를 모두 넣고 버무린 다음 감자전분을 넣고 섞어요.

4. 작은 볼에 재료를 모두 넣고 섞어서 양념을 만들어요.

5. 약한 불에 프라이팬을 올리고 식용유를 둘러요. 닭봉을 넣고 앞뒤로 뒤집으며 노릇하게 구워요.

6. 양념을 붓고, 약한 불로 양념이 속까지 스며들 때까지 뒤적이며 졸여요.

엄마의 손맛 TIP

• 구울 때 닭봉에서 기름이 나오니 중간중간 키친타월로 닦아내요.

PART **3** 하나만 있어도 푸짐하고 근사한 메인 반찬

차돌박이편백찜

나무 찜기만 있으면 찜부터 소스까지 금방 만들 수 있어요.
담백하고 고소한 차돌박이와 아삭한 숙주가 정말 잘 어울려요.

재료
소고기(차돌박이) 300g, 숙주 1봉지(500g), 대파 1대

소스
간장 2큰술, 올리고당 1큰술, 머스타드 1큰술, 식초 1큰술, 다진 마늘 1/2큰술, 연겨자 1/2큰술

만들기

1   숙주는 두세 번 찬물에 씻은 다음 체에 밭쳐 물기를 빼요.

2   대파는 송송 썰어요.

3   대나무 찜기에 숙주를 수북하게 깔아요. 차돌박이를 한 겹 올린 다음 대파를 올려요. 그 위에 차돌박이와 대파를 한 겹 더 올려요.

4   센 불에 찜기와 지름이 비슷한 냄비를 올리고 물을 부어요. 물이 끓어오르면 중간 불로 낮추고 찜기를 올린 다음 뚜껑을 닫은 채 10분간 쪄요.

5   작은 볼에 모든 재료를 넣고 섞어서 소스를 만들어요.

6   불을 끄고 찜기를 내려요. 소스를 곁들여요.

PART **3** 하나만 있어도 푸짐하고 근사한 메인 반찬

소고기미트볼

소고기미트볼은 반찬이나 근사한 초대 요리로도 좋고,
스파게티에 넣으면 더욱 배부르고 든든하게 먹을 수 있어요!

재료

소고기 간 것 400g, 달걀 1개, 버터 1큰술, 양파 1개, 다진 마늘 1/2큰술, 소금 1꼬집, 감자전분 약간, 식용유 적당량

소스

간장 2큰술, 올리고당 1큰술, 케첩 1큰술, 설탕 1/2큰술, 물 1/6컵 (120ml)

만들기

1. 소고기를 키친타월 위에 올린 다음 키친타월로 눌러서 핏물을 제거해요.

2. 양파는 잘게 다져요.

3. 중간 불에 프라이팬을 올리고 버터를 넣어요. 양파를 넣고 볶은 다음 덜어서 한 김 식혀요.

4. 볼에 달걀을 깨뜨려 넣어요. 소고기와 양파, 다진 마늘, 소금을 넣고 치대며 섞어요.

5. 소고기를 조금씩 덜어낸 다음 양 손바닥으로 둥글게 빚어서 미트볼을 만들어요.

6. 트레이에 감자전분을 뿌리고, 미트볼을 올려요. 트레이를 흔들어서 미트볼에 감자전분을 골고루 묻혀요. 감자전분이 너무 두껍게 묻은 부분은 살살 털어내요.

7. 중간 불에 오목한 팬을 올리고 식용유를 부어요. 미트볼을 넣고 젓가락으로 굴리며 노릇하게 튀긴 다음 건져요.

8. 중간 불에 프라이팬을 올리고 식용유를 둘러요. 소스 재료를 모두 넣고 끓여요.

9. 소스가 끓어오르면 미트볼을 넣고 버무려요.

엄마의 손맛 TIP

• 미트볼에 감자전분을 묻히면 모양이 잘 유지되고 소스가 잘 배요.

PART 3 　하나만 있어도 푸짐하고 근사한 메인 반찬

LA갈비

달콤하고 부드러운 LA갈비에는 비법이 숨어 있답니다.
고기의 잡내를 딱 잡아주는 재료가 무엇인지 살펴볼까요?

재료

LA갈비용 소고기 2.5kg, 배 1개, 양파 1개, 통조림 파인애플 1통 (과육 100g), 생강청 1큰술, 설탕 2큰술, 다진 마늘 2큰술, 물 1컵 (200ml)

양념

대파 1대, 간장 1컵(200ml), 생강청 1큰술, 미림 5큰술, 설탕 3큰술, 참기름 2큰술, 후춧가루 약간

만들기

1 소고기 단면을 손으로 문지르며 뼛조각이 나오지 않을 때까지 흐르는 물에 씻어요.

2 볼에 소고기와 설탕을 넣고, 소고기가 잠길 정도로 물을 부어요. 30분간 담가서 핏물을 제거한 다음 체에 밭쳐 물기를 빼요.

3 대파는 반으로 길게 자른 다음 송송 썰어요.

4 배는 껍질과 심, 씨앗을 제거한 다음 큼직하게 잘라요. 양파와 파인애플도 큼직하게 잘라요.

5 믹서에 배와 양파, 파인애플, 생강청, 다진 마늘, 물을 넣고 곱게 간 다음 면보에 걸러서 국물만 준비해요.

6 국물에 대파를 넣고, 나머지 재료도 모두 넣고 섞어서 양념을 만들어요.

7 볼에 소고기와 양념을 넣고 1시간 정도 재워둬요.

8 센 불에 프라이팬을 올려요. 소고기와 양념을 넉넉히 넣어요. 중간 불과 약한 불을 오가며 국물이 사라질 때까지 익혀요.

엄마의 손맛 TIP

- 소고기를 설탕물에 담가야 잡내가 사라져요. 너무 오래 담그면 육즙이 빠져나가서 맛이 없어요.
- 통조림 파인애플 대신 생파인애플이나 키위 등 새콤한 맛을 내는 과일을 넣어도 좋아요.
- 믹서에 간 다음 면보에 거르지 않고 그대로 건더기까지 넣어도 돼요. 단, 양념이 잘 타니 구울 때 주의해요.
- 소고기를 양념에 하룻밤(10시간) 이상 숙성시키면 더욱 맛있어요.

PART 3 하나만 있어도 푸짐하고 근사한 메인 반찬

오징어순대

'속초' 하면 떠오르는 대표적인 향토 음식인 오징어순대.
오징어의 쫄깃함과 부드러운 속재료가 어우러지는 맛이 환상적이에요.

재료

당면 50g, 오징어 2마리, 새우 7마리, 두부 1/3모(100g), 당근 1/4개(20g), 표고버섯 2개, 청양고추 2개, 부추 1줌(20g), 밀가루 약간

밑간

찹쌀가루 2큰술, 다진 마늘 2큰술, 소금 1/2큰술, 참기름 1큰술, 후춧가루 약간

초간장

간장 2큰술, 식초 1큰술, 맛술 1큰술, 고춧가루 1/2큰술, 다진 마늘 1/2큰술, 통깨 약간

만들기

1. 당면은 끓는 물에 6분간 삶은 다음 건져서 찬물에 헹구고 체에 밭쳐 물기를 빼요.
2. 오징어와 새우는 씻어서 키친타월로 물기를 닦아내요. 오징어의 내장과 이물질을 떼어내요. 새우는 껍질과 꼬리를 떼어낸 다음 옆으로 슬라이스해서 내장을 제거해요. 오징어 다리와 새우는 잘게 다져요.
3. 당근과 표고버섯, 청양고추, 부추는 잘게 다져요.
4. 두부는 면보로 감싸 물기를 꼭 짠 다음 으깨고, 삶은 당면은 가위로 작게 잘라요.
5. 볼에 손질한 모든 재료와 밑간 재료를 넣고 버무려서 속재료를 만들어요. 다진 청양고추는 조금 남겨둬요.
6. 오징어 몸통 안을 키친타월로 닦아서 물기를 제거한 다음 숟가락으로 밀가루를 넣어서 골고루 묻혀요.
7. 오징어 몸통에 숟가락으로 속재료를 떠 넣으며 80% 정도 채운 다음 나무 꼬치로 끝을 꿰어요.
8. 작은 볼에 모든 재료를 넣고 섞어서 초간장을 만들어요. 남겨둔 다진 청양고추도 넣고 섞어요.
9. 대나무 찜기를 준비해요. 센 불에 찜기와 지름이 비슷한 냄비를 올리고 물을 부어요. 물이 끓어오르면 중간 불로 낮추고 찜기를 올려요. 오징어를 넣은 다음 뚜껑을 닫은 채 15~20분간 쪄요.
10. 불을 끄고 찜기를 내려요. 오징어순대를 썰어서 접시에 담고, 초간장을 곁들여요.

엄마의 손맛 TIP

- 오징어 몸통 안에 물기가 많으면 자를 때 속재료와 분리돼요.
- 속재료를 완전히 채우면 익히다가 부풀어서 터질 수 있어요.

PART **3** 하나만 있어도 푸짐하고 근사한 메인 반찬

닭곰탕

백숙을 삶으며 우러나온 진하고 맑은 국물이 일품이에요!
땀을 뻘뻘 흘리면서 시원하게 한 그릇 먹어볼까요?

재료
닭 1마리(1kg), 소금 1/2큰술, 물 1컵(200ml)

육수
양파 1개, 대파 1대, 마늘 15쪽, 대추 10알, 맛술 1/2컵(100ml), 통후추 1/2큰술, 물 15컵(3L)

만들기

1. 닭은 날개 끝과 꽁지를 잘라낸 다음 껍질과 지방을 떼어내고 깨끗이 씻어요.

2. 대파는 반으로 잘라요.

3. 센 불에 냄비를 올려요. 닭과 육수 재료를 모두 넣고, 물이 끓어오르면 중간 불로 낮춰서 1시간 동안 푹 끓여요.

4. 닭을 건져서 한 김 식힌 다음 살을 발라내요.

5. 육수에서 건더기를 모두 건져요. 살을 발라내고 남은 뼈는 다시 육수에 넣어요. 물 1컵을 붓고 5분간 더 끓인 다음 소금을 넣어요.

6. 그릇에 발라낸 살과 육수를 담아요. 부족한 간은 소금으로 맞춰요.

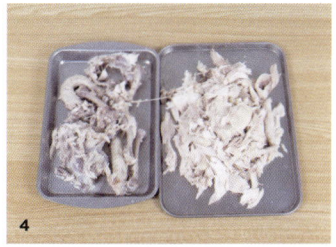

- 더욱 깔끔하게 육수를 내리면 거름망으로 작은 찌꺼기까지 모두 걸러요.

PART 3 　하나만 있어도 푸짐하고 근사한 메인 반찬

버섯들깨탕

버섯을 듬뿍 넣은 뜨끈하고 걸쭉한 보양식이에요.
담백하고 건강한 맛에 자꾸 생각날 거예요.

재료

소고기(양지) 150g, 대파 1대, 청·홍고추 1개씩, 새송이버섯 1개, 표고버섯 4개, 느타리버섯 1팩(200g), 양송이버섯 4개, 팽이버섯 1봉지, 국간장 2큰술, 다진 마늘 1큰술, 참기름 약간, 물 5컵(1L), 들깨가루 5큰술

만들기

1. 버섯은 밑동을 잘라낸 다음 흐르는 물에 씻어요. 새송이버섯과 표고버섯, 양송이버섯은 3~5mm로 썰고, 느타리버섯과 팽이버섯은 가닥가닥 나눠요.

2. 대파는 송송 썰고, 청·홍고추는 어슷하게 썰어요.

3. 소고기는 한입 크기로 썰어요.

4. 중간 불에 냄비를 올리고 참기름을 둘러요. 소고기와 다진 마늘을 넣고, 소고기의 겉이 익을 때까지 볶아요.

5. 냄비에 물을 부어요. 버섯을 모두 넣고 10분간 끓여요.

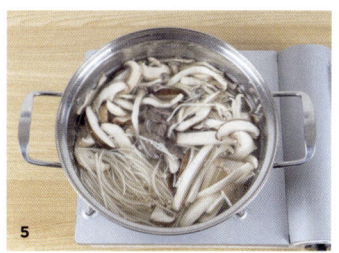

6. 국간장과 들깨가루, 대파, 청·홍고추를 넣고 중간 불로 낮춰서 한소끔 끓여요.

엄마의 손맛 TIP

- 들깨가루는 껍질을 까서 만든 것을 사용해야 국물이 뽀얗고 걸쭉해져요.
- 말린 버섯을 넣고 싶으면 물에 4~5시간 정도 불린 다음 사용해요.
- 소고기는 냉동실에 잠깐 두어서 살짝 얼리면 썰기 편해요.
- 참기름을 두르고 소고기와 다진 마늘을 볶으면 국물의 감칠맛이 더욱 깊어져요.

PART 4

한 번 만들면 일주일이 든든한
밑반찬

반찬거리 걱정을 덜어주는 저장 기간이 긴 식재료로 만들어요.

PART 4 한 번 만들면 두고두고 든든한 밑반찬

진미채간장볶음

단짠단짠, 언제 먹어도 맛있는 진미채간장볶음 레시피입니다.
맵지 않고 부드러워서 아이들이 먹기에도 좋아요.

재료
진미채 200g, 청·홍고추 1개씩, 다진 마늘 1큰술, 참기름 1큰술, 통깨 약간

양념
간장 3큰술, 유자청 2큰술, 생강 즙 1/2큰술, 설탕 1큰술, 통깨 1 큰술, 참기름 1/2큰술

만들기

1. 진미채는 3~4cm로 잘라요.

2. 진미채를 물에 담가서 주물주물한 다음 건져요. 물기를 꼭 짜요.

3. 청·홍고추는 길게 자른 다음 씨를 털어내고 채 썰어요.

4. 중간 불에 프라이팬을 올리고 참기름을 둘러요. 다진 마늘을 넣고 향이 올라올 때까지 볶아요.

5. 진미채를 넣고 수분을 날리듯 볶은 다음 펼쳐서 열기를 빼요.

6. 작은 볼에 재료를 모두 넣고 섞어서 양념을 만들어요.

7. 볼에 진미채와 청·홍고추, 양념을 넣고 버무린 다음 통깨를 넣고 마무리해요.

- 진미채를 볶아야 수분이 날아가서 눅진하지 않고 비린내도 사라져요.
- 양념에 유자청을 넣으면 진미채가 새콤달콤해져서 더욱 맛있어요. 없으면 물엿이나 올리고당을 넣어요.

PART **4** 한 번 만들면 두고두고 든든한 밑반찬

진미채고추장볶음

진미채간장볶음과 더불어 밑반찬으로 빼놓을 수 없는 메뉴예요!
부드러운 식감에 더해진 매콤함이 군침을 돌게 해요.

재료
진미채 300g, 마요네즈 1/2큰술, 통깨 약간

양념
고추장 2큰술, 간장 2큰술, 물엿 2큰술, 매실액 1큰술, 맛술 1큰술, 고춧가루 1큰술, 다진 마늘 1큰술, 식용유 1큰술

만들기

1 진미채는 3~4cm로 잘라요.

2 진미채를 뜨거운 물에 헹군 다음 건져서 체에 밭쳐 물기를 빼요.

3 중간 불에 프라이팬을 올리고 양념 재료를 모두 넣고 섞어요.

4 양념이 끓어오르면 진미채를 넣고 약한 불로 낮춰서 뒤적이며 볶아요.

5 마요네즈를 넣고 불을 끈 다음 버무려요. 통깨를 넣고 마무리해요.

• 마요네즈를 넣으면 윤기가 흐르고 맛도 부드러워져요. 단, 마요네즈가 탈 수 있으니 불을 끈 채 버무려요.

PART 4 한 번 만들면 두고두고 든든한 밑반찬

황태채볶음

북어를 말려서 길게 자른 황태채로 밥도둑 반찬을 만들어요.
한 번 만들어서 냉장고에 넣어두면 일주일이 거뜬해요.

재료
황태채 90g, 청양고추 1개, 식용유 1큰술, 통깨 약간

양념
고추장 1큰술, 간장 1큰술, 물엿 2큰술, 맛술 2큰술, 고춧가루 1큰술, 다진 마늘 1큰술, 참기름 1큰술

만들기

1. 굵은 황태채는 얇게 찢고, 긴 황태채는 가위로 적당히 잘라요. 볼에 담고 물을 부어요. 조물조물한 다음 물기를 살짝 짜고, 가시를 발라내요.

2. 작은 볼에 재료를 모두 넣고 섞어서 양념을 만들어요.

3. 청양고추는 길게 자른 다음 잘게 다져요.

4. 볼에 황태채와 양념을 넣고 무쳐요.

5. 중간 불에 프라이팬을 올리고 식용유를 둘러요. 황태채를 넣고 2~3분 볶아요.

6. 청양고추와 참기름을 넣고 한소끔 볶은 다음 통깨를 넣고 마무리해요.

엄마의 손맛 TIP

- 황태채를 물에 적셔서 부드럽게 만든 다음에 지느러미와 꼬리, 잔뼈, 가시를 제거해요.

PART **4**　한 번 만들면 두고두고 든든한 밑반찬

뼈쥐포볶음

쥐포를 구워 먹는 대신 반찬으로 변신시켜볼까요?
비린내 없이, 딱딱하지 않게 요리해요.

재료

뼈쥐포채 120g, 대파 1/2대, 참기름 1큰술, 식용유 약간, 통깨 약간

양념

고추장 1과 1/2큰술, 올리고당 2큰술, 생강청 1/2큰술, 매실액 2큰술, 맛술 1큰술, 다진 마늘 1큰술, 식용유 1큰술

만들기

1. 센 불에 프라이팬을 올리고 식용유를 둘러요. 뼈쥐포채를 넣고 튀기듯 볶은 다음 덜어둬요.

2. 대파는 송송 썰어요.

3. 약한 불에 프라이팬을 올리고 식용유를 둘러요. 생강청과 다진 마늘을 넣고 볶아요. 마늘 향이 올라오면 고추장과 올리고당, 매실액, 맛술을 넣고 섞어요.

4. 양념이 끓어오르면 대파를 넣어요.

5. 쥐포채를 넣고 뒤적이며 볶아요.

6. 참기름과 통깨를 넣고 마무리해요.

• 쥐포채를 튀기듯이 볶아야 바삭하고 쫄깃해져요.

PART 4 한 번 만들면 두고두고 든든한 밑반찬

견과류멸치볶음

밑반찬 리스트에서 빼놓으면 섭섭한 멸치볶음.
견과류를 듬뿍 넣어 더욱 영양 만점으로 완성해요.

재료
잔멸치 60g, 호두 60g, 아몬드 60g, 브라질 너트 60g, 청양고추 1개, 홍고추 1개, 마요네즈 1/2 큰술, 참기름 1/2큰술, 식용유 약간, 통깨 약간

양념
간장 2큰술, 올리고당 1큰술, 맛술 1큰술, 물 1큰술

만들기

1. 청양고추와 홍고추는 길게 자른 다음 잘게 다져요.

2. 중간 불에 프라이팬을 올리고 식용유를 둘러요. 잔멸치를 넣고 겉이 바삭해질 때까지 볶은 다음 덜어둬요.

3. 팬에 식용유를 두르고 호두와 아몬드, 브라질 너트를 넣어서 바삭해질 때까지 볶은 다음 덜어둬요.

4. 약한 불에 프라이팬을 올리고 양념 재료를 모두 넣고 섞어요.

5. 양념이 끓어오르면 호두와 아몬드, 브라질 너트를 넣고 섞은 다음 잔멸치를 넣고 뒤적이며 볶아요.

6. 청양고추와 홍고추를 넣고 섞은 다음 마네요즈를 넣어요. 불을 끄고 버무려요.

7. 참기름과 통깨를 넣고 마무리해요.

- 멸치를 식용유에 살짝 볶으면 비린내가 사라지고 바삭함이 살아나요.
- 마요네즈를 넣으면 견과류가 더욱 고소해지고, 멸치가 서로 달라붙지 않으면서 부드럽고 윤기 있게 완성돼요.

PART 4 한 번 만들면 두고두고 든든한 밑반찬

건새우볶음

냉동실에서 건새우만 꺼내면 오늘의 반찬 고민 끝!
수분을 모두 날려서 건새우를 바삭하게 볶는 게 중요해요.

재료
건새우(꽃새우) 150g, 참기름 약간, 통깨 약간

양념
간장 2큰술, 케첩 2큰술, 물엿 3큰술, 맛술 3큰술, 고춧가루 2큰술, 다진 마늘 1큰술, 식용유 1큰술

만들기

1. 중간 불에 프라이팬을 올리고 달궈요. 건새우를 넣고 2~3분 볶아요.

2. 건새우를 체에 걸러서 부스러기를 털어내요.

3. 중간 불에 오목한 팬을 올리고 양념 재료를 모두 넣고 섞어요.

4. 양념이 끓어오르면 건새우를 넣고 뒤적이며 볶아요. 참기름과 통깨를 넣고 마무리해요.

- 건새우에는 수분이 있어서 한 번 볶아야 눅눅함과 비린내를 없앨 수 있어요.

PART **4** 한 번 만들면 두고두고 든든한 밑반찬

미역줄기볶음

미네랄이 가득 들어 있어서 건강에 좋은 식재료예요.
꼬들꼬들하고 비린내 나지 않도록 볶아볼까요?

재료

미역줄기 300g, 당근 1/4개(20g), 맛술 1큰술, 다진 마늘 1큰술, 소금 1꼬집, 들기름 1큰술, 식용유 1큰술, 통깨 1큰술

만들기

1. 미역줄기는 두세 번 물에 주무르며 씻어서 소금기를 빼요.

2. 센 불에 오목한 팬을 올리고 물을 부어요. 물이 끓어오르면 미역줄기와 맛술을 넣고 2분간 데쳐서 소금기를 완전히 빼요.

3. 미역줄기를 건져서 바로 찬물에 두 번 헹군 다음 물기를 꼭 짜요.

4. 미역줄기는 5cm로 잘라요. 당근은 얇게 채 썰어요.

5. 중간 불에 프라이팬을 올리고 식용유를 둘러요. 다진 마늘과 소금을 넣고 볶아요. 마늘 향이 올라오면 미역줄기와 당근을 넣고 당근이 익을 때까지 볶아요.

6. 불을 끄고 들기름과 통깨를 넣고 마무리해요.

- 미역줄기를 데치기 번거로우면 염장한 소금이 나오지 않을 때까지 흐르는 물에 여러 번 주무르며 씻어요.
- 들기름을 넣으면 미역줄기의 비린내가 사라져요.

PART **4** 한 번 만들면 두고두고 든든한 밑반찬

시래기볶음

식이 섬유와 비타민, 미네랄이 풍부한 무청 시래기를
된장과 멸치 육수를 더해 감칠맛 나는 반찬으로 즐겨요.

재료

시래기 400g, 국물용 멸치 1줌 (20~30마리), 물 2와 1/2컵(500ml), 들기름 1큰술, 들깨가루 1큰술

양념

대파 1/2대, 된장 1큰술, 국간장 1큰술, 멸치 육수 3큰술, 다진 마늘 1큰술, 들기름 1큰술

만들기

1. 중간 불에 냄비를 올려요. 멸치를 넣고 수분이 날아갈 때까지 1~2분 볶아요. 물을 붓고 10분간 끓여서 육수를 만들어요.

2. 대파는 송송 썰어요.

3. 센 불에 다른 냄비를 올리고 물을 부은 다음 시래기를 넣어요. 물이 끓어오르면 중간 불로 낮춰서 30분간 삶은 다음 2시간 이상 물에 담가서 불려요. 시래기의 물기를 짜고 4~5cm로 잘라요.

4. 볼에 시래기와 대파, 나머지 양념 재료를 모두 넣고 무쳐요.

5. 센 불에 오목한 팬을 올리고 시래기를 넣어요. 뚜껑을 닫은 채 한소끔 끓인 다음 뚜껑을 열고 국물이 사라질 때까지 볶아요.

6. 들기름과 들깨가루를 넣고 마무리해요.

엄마의 손맛 TIP

- 멸치 육수를 내는 과정을 생략해도 되지만 시래기가 멸치 육수를 머금어야 더욱 감칠맛이 나요.
- 시래기를 더욱 부드럽게 먹고 싶으면 삶은 다음 껍질을 벗겨요.
- 푹 익은 식감을 선호하면 들기름과 들깨가루를 넣기 전에 육수를 3큰술 더 넣고 중간 불로 낮춰서 5분 더 볶아요.

PART **4**　한 번 만들면 두고두고 든든한 밑반찬

말린 고구마줄기나물

대보름에 챙겨 먹는 대표적인 나물 반찬이에요.
찰밥과 먹어도 맛있고, 비빔밥 재료로 활용해도 좋아요.

재료

말린 고구마줄기 150g, 대파 1대, 국간장 1큰술, 다진 마늘 1큰술, 들기름 2큰술, 식용유 2큰술, 통깨 2큰술, 들깨가루 2큰술

만들기

1. 볼에 말린 고구마줄기를 넣고 물을 부은 다음 30분간 담가요. 센 불에 냄비를 올리고 물을 부어요. 물이 끓어오르면 고구마줄기를 넣고 중간 불로 낮춰서 40분 이상 물렁물렁해질 때까지 삶아요.

2. 고구마줄기를 건져서 찬물에 세 번 헹궈서 열기를 빼요.

3. 고구마줄기의 물기를 짜고 4~5cm로 잘라요. 대파는 송송 썰어요.

4. 중간 불에 프라이팬을 올리고 들기름과 식용유를 둘러요. 대파와 다진 마늘을 넣고 볶아요.

5. 마늘 향이 올라오면 고구마줄기를 넣고 센 불로 올려요. 5분간 볶다가 국간장을 넣고 국물이 거의 보이지 않을 때까지 볶아요.

6. 통깨와 들깨가루를 넣고 마무리해요.

엄마의 손맛 TIP

• 들깨가루를 넣어야 고소해요. 취향껏 양을 가감해요.

PART **4** 한 번 만들면 두고두고 든든한 밑반찬

말린 가지나물

여름에 먹던 가지가 생각날 때는 말린 가지를 꺼내봐요.
다시마 우린 물을 더해서 입맛을 사로잡는 반찬으로 만들게요.

재료

말린 가지 100g, 대파 1대, 청·홍고추 1개씩, 멸치액젓 1큰술, 들기름 2큰술, 식용유 1큰술, 빻은깨 1큰술, 다시마 우린 물 6큰술

밑간

간장 2큰술, 국간장 1큰술, 멸치액젓 1큰술, 다진 마늘 1큰술

만들기

1. 말린 가지를 두 번 씻은 다음 볼에 넣고 미지근한 물을 부어요. 1시간 동안 담가서 불려요.

2. 대파는 어슷하게 썰고, 청·홍고추는 길게 자른 다음 씨를 털어내고 어슷하게 썰어요. 불린 가지는 먹기 좋은 크기로 자른 다음 씻어서 물기를 짜요.

3. 볼에 가지와 밑간 재료를 모두 넣고 버무려서 5분간 재워둬요.

4. 중간 불에 프라이팬을 올리고 들기름 1큰술과 식용유를 둘러요. 가지를 넣고 한소끔 볶아요.

5. 다시마 우린 물을 넣고 약한 불로 낮춰서 뚜껑을 닫은 채 국물이 거의 보이지 않을 때까지 볶아요.

6. 멸치액젓과 대파, 청·홍고추를 넣고 뒤적이며 한소끔 볶아요. 들기름 1큰술과 빻은 깨를 넣고 마무리해요.

엄마의 손맛 TIP

- 다시마(10x20cm) 1장을 물 4컵(800ml)에 담가서 8~10분간 우린 다음 다시마를 건져내면 다시마 우린 물이 만들어져요.
- 다시마 우린 물 대신 생수를 넣어도 돼요.
- 멸치액젓이 없으면 참치액이나 국간장을 사용해요.

PART **4**　한 번 만들면 두고두고 든든한 밑반찬

무말랭이무침

오독오독 씹히는 소리까지 즐거운 무말랭이무침.
반찬으로 먹어도 맛있고, 뜨끈한 밥에 비벼 먹어도 맛있어요.

재료

무말랭이 100g, 말린 고춧잎 15g, 쪽파 3~5줄기, 간장 2큰술, 멸치액젓 2큰술, 올리고당 2큰술, 물엿 1큰술, 매실액 2큰술, 고춧가루 4큰술, 다진 마늘 1큰술, 소금 1꼬집, 통깨 약간

만들기

1 볼에 뜨거운 물을 붓고, 무말랭이를 넣어서 30분간 불려요.

2 센 불에 냄비를 올리고 물을 부은 다음 소금을 넣어요. 물이 끓어오르면 고춧잎을 넣고 3분간 데쳐요. 고춧잎을 건져서 씻은 다음 물기를 짜요.

3 쪽파는 송송 썰어요.

4 무말랭이를 흐르는 물에 두 번 씻고 물기를 짜요.

5 볼에 무말랭이와 고춧가루를 넣고 무쳐서 빨갛게 색을 입혀요.

6 고춧잎과 쪽파, 간장, 멸치액젓, 올리고당, 물엿, 매실액, 다진 마늘을 넣고 버무려요. 통깨를 넣고 마무리해요.

PART 4   한 번 만들면 두고두고 든든한 밑반찬

병아리콩조림

밤처럼 은은한 단맛을 품은 병아리콩으로 반찬을 만들어요.
단백질 함량이 높아서 포만감을 준답니다.

재료

병아리콩 300g, 간장 1/2컵(100ml), 올리고당 5큰술, 맛술 1큰술, 설탕 2큰술, 참기름 1큰술, 통깨 약간, 물 5컵(1L), 들깨가루 1큰술

만들기

1. 병아리콩을 깨끗이 씻은 다음 물에 담가서 하룻밤(10시간 이상) 불려요.

2. 센 불에 오목한 팬을 올리고 병아리콩과 간장, 올리고당 2큰술, 맛술, 설탕, 물을 넣고 20분간 졸여요.

3. 중간중간 거품을 걷어내며 국물이 자작해질 때까지 졸여요.

4. 중간 불로 낮춘 다음 올리고당 3큰술과 참기름, 통깨, 들깨가루를 넣고 마무리해요.

PART **4** 한 번 만들면 두고두고 든든한 밑반찬

스팸양념고추장

스팸을 넣고 만든 만능 고추장이에요.
밥에 비비거나 김에 싸 먹어도 맛있고, 볶음밥으로 활용해도 최고예요.

재료
스팸 1캔(340g), 양파 1개, 청양고추 2개, 홍고추 1개, 새송이버섯 1개, 고추장 3큰술, 맛술 2큰술, 설탕 1큰술, 다진 마늘 1큰술, 식용유 약간, 후춧가루 약간, 통깨 약간, 물 3/4컵(150ml)

만들기

1. 스팸을 체에 받친 다음 전기 포트로 뜨거운 물을 끼얹어요. 키친타월로 스팸을 감싸서 물기를 제거해요.

2. 스팸을 잘게 다져요.

3. 양파와 새송이버섯, 청양고추, 홍고추도 잘게 다져요.

4. 중간 불에 프라이팬을 올리고 식용유를 둘러요. 양파를 넣고 반쯤 익을 때까지 볶은 다음 다진 마늘과 스팸을 넣고 볶아요.

5. 마늘 향이 올라오면 고추장과 맛술, 물을 넣고 뒤적이며 섞어요.

6. 새송이버섯과 청양고추, 홍고추, 설탕을 넣고 한소끔 볶아요.

7. 후춧가루와 통깨를 넣고 마무리해요.

엄마의 손맛 TIP
- 뜨거운 물을 끼얹어서 스팸의 기름기를 제거해야 느끼함이 덜해요.

PART **4** 한 번 만들면 두고두고 든든한 밑반찬

풋마늘대장아찌

구운 고기와 먹으면 환상적인 맛을 자랑하는 풋마늘대장아찌.
상큼하고 짭짤한 장아찌를 간단하게 만들어볼게요.

재료
풋마늘대 1단(700g)

절임물
간장 1과 1/2컵(300ml), 매실액 1/2컵(100ml), 식초 1/2컵(100ml), 설탕 1/2컵(100g), 다시마 우린 물 1과 1/2컵(300ml)

만들기

1. 풋마늘대의 뿌리를 잘라낸 다음 껍질을 벗겨서 다듬어요.

2. 풋마늘대를 절반으로 자른 다음 깨끗이 씻어요. 키친타월로 눌러서 물기를 닦아내요.

3. 풋마늘대는 4~5cm로 잘라요.

4. 센 불에 오목한 팬을 올려요. 간장과 설탕, 다시마 우린 물을 넣고 저으며 끓여요.

5. 물이 끓어오르면 매실액과 식초를 넣어요. 한 번 더 끓어오르면 절임물이 완성된 것이에요. 불을 끄고 한 김 식혀요.

6. 통에 풋마늘대를 담고 절임물을 부어요.

7. 뚜껑을 닫은 채 실온에 두고 하룻밤 지난 다음 냉장고에 넣어서 일주일간 숙성시켜요.

• 매실액이 없으면 설탕을 1컵(200g)을 더 넣어요.

PART 5

밥과 반찬을 동시에 해결하는
한 그릇 요리

간단하게 한끼를 해결하고 싶을 때 추천해요!

PART 5 　밥과 반찬을 동시에 해결하는 한 그릇 요리

채소죽

**조금씩 남은 자투리 채소를 200% 활용하는 레시피예요.
깔깔한 입맛을 살려주고, 소화가 쉬워 속이 편안해진답니다.**

재료

밥 1공기(210g), 감자 1개, 당근 1/2개(40g), 양파 1개, 애호박 1/4개, 표고버섯 2개, 다시마(10x20cm) 1장, 소금 1과 1/4큰술, 참기름 1큰술, 올리브유 약간, 통깨 약간, 조미김 약간, 물 4컵(800ml)

만들기

1. 물에 다시마를 넣고 8~10분간 담가서 다시마 우린 물을 만들어요.

2. 감자와 당근, 양파, 애호박, 표고버섯은 최대한 잘게 다져요. 가위로 조미김을 길게 잘라요.

3. 중간 불에 프라이팬을 올리고 올리브유를 둘러요. 채소와 소금 1/4큰술을 넣고 채소가 반쯤 익을 때까지 볶아요.

4. 중간 불에 오목한 팬을 올리고 다시마 우린 물을 부어요. 밥을 넣고 주걱으로 밥알을 눌러서 으깨며 저어요.

5. 국물이 절반 정도로 줄고 밥이 물러지면 약한 불로 낮춰요. 채소를 넣고 밥알이 퍼질 때까지 10~15분간 끓여요.

6. 소금 1큰술과 참기름을 넣고 간을 맞춰요. 그릇에 담고, 통깨와 조미김을 올려요.

- 채소를 잘게 다질수록 먹기 편해요. 미음처럼 먹고 싶으면 믹서에 채소를 넣고 갈아도 좋습니다.

PART 5 밥과 반찬을 동시에 해결하는 한 그릇 요리

도토리묵밥

도토리묵은 칼로리가 낮고 포만감은 높아서 다이어트에 딱이에요!
시원하고 깊은 육수를 넣어서 맛도 양도 만족스러울 거예요.

재료

도토리묵 1모(500g), 김치 1/7쪽 (250g), 양파 1/2개, 오이 1/2개, 대파 1대, 조미김 약간, 국간장 1큰술, 설탕 1/2큰술, 통깨 약간, 참기름 1/2큰술

육수

국물용 멸치 1줌(20~30마리), 다시마(10x20cm) 2장, 물 5컵 (1L)

만들기

1. 센 불에 냄비를 올리고 육수 재료를 모두 넣고 끓여요.

2. 물이 끓어오르면 중간 불로 낮춰서 10분 더 끓인 다음 건더기를 건져요. 국간장을 넣고 간을 맞춰요.

3. 도토리묵은 1cm 두께로 길게 썰어요. 오이를 깨끗이 씻은 다음 위아래의 꼭지를 잘라내요. 어슷하게 썬 다음 채 썰어요.

4. 김치는 송송 썬 다음 볼에 담아요. 설탕과 참기름을 넣고 버무려요. 가위로 조미김을 길게 잘라요.

5. 오목한 그릇에 도토리묵을 담고 그 위에 김치와 오이, 조미김, 통깨를 올려요.

6. 그릇 가장자리에 육수를 부어요.

엄마의 손맛 TIP

- 부족한 간은 소금으로 맞춰요.
- 육수를 냉장실에서 차갑게 식힌 다음 부으면 냉묵밥이 됩니다.

PART 5   밥과 반찬을 동시에 해결하는 한 그릇 요리

소고기콩나물밥

아삭아삭한 콩나물을 가득 넣은 한 그릇 요리.
쌉싸름한 달래장을 곁들이면 입 안 가득 봄 향기가 퍼져요.

재료

쌀 2컵(430g), 소고기(사태) 100g, 콩나물 1봉지(300g), 당근 1/2개(40g), 물 2컵(400ml)

달래장

달래 1줌(25g), 쪽파 2줄기, 홍고추 1개, 간장 2큰술, 고춧가루 1/2큰술, 참기름 1큰술, 통깨 1/2큰술

만들기

1. 쌀은 깨끗이 씻은 다음 물에 30분간 불려요.
2. 콩나물은 깨끗이 씻은 다음 체에 밭쳐 물기를 빼요.
3. 소고기는 길게 썬 다음 키친타월로 눌러서 핏물을 빼요. 당근은 채 썰어요.
4. 달래와 쪽파는 뿌리를 잘라낸 다음 상한 잎을 떼어내요. 깨끗이 씻은 다음 송송 썰어요. 홍고추는 길게 자른 다음 씨를 털어내고 잘게 다져요.
5. 냄비에 쌀을 넣고 물을 부어요. 그 위에 콩나물과 소고기, 당근을 올리고 뚜껑을 닫아요.
6. 센 불에 냄비를 올려요. 끓기 시작하고 3분이 지나면 중간 불로 낮춰서 10분간 익혀요.
7. 약한 불로 낮춰서 밥알이 퍼질 때까지 5분간 익힌 다음 불을 끄고 5~10분간 뜸을 들여요.
8. 작은 볼에 달래와 쪽파, 홍고추를 넣고 나머지 재료도 모두 넣고 섞어서 달래장을 만들어요.

- 달래는 뿌리가 클수록 향이 진해요.
- 밥을 지을 때 뚜껑을 열면 안 돼요. 뜸 들이는 시간을 더 늘려서 누룽지를 만들어도 맛있어요.

PART 5 밥과 반찬을 동시에 해결하는 한 그릇 요리

가지밥

김이 모락모락 나는 가지를 숟가락으로 숙숙 뭉개요.
양념장을 비벼서 입에 넣으면 꿀맛이에요.

재료

멥쌀 1컵(200g), 찹쌀 1컵(200g), 가지 2개, 간장 1큰술, 다진 마늘 1큰술, 들기름 1큰술, 식용유 1/2큰술, 참기름 1큰술, 물 3컵(600ml)

양념장

대파 1/2대, 홍고추 1개, 간장 4큰술, 고춧가루 1/2큰술, 참기름 1큰술, 통깨 1/2큰술

만들기

1. 멥쌀과 찹쌀은 깨끗이 씻은 다음 물에 15~20분간 불려요.

2. 가지는 꼭지를 잘라내고, 꽃받침을 떼어낸 다음 씻어요. 반으로 길게 자른 다음 5mm로 어슷하게 썰어요.

3. 대파는 송송 썰고, 홍고추는 길게 자른 다음 씨를 털어내고 잘게 다져요.

4. 약한 불에 오목한 팬을 올리고 들기름과 식용유를 둘러요. 가지와 간장, 다진 마늘을 넣고 가지의 숨이 죽을 때까지 볶은 다음 덜어둬요.

5. 냄비에 참기름을 두르고 쌀을 넣어서 투명해질 때까지 볶은 다음 가지를 올려요. 물을 붓고 뚜껑을 닫아요.

6. 센 불에 냄비를 올려요. 끓기 시작하면 중간 불로 낮춰서 10분간 익혀요.

7. 약한 불로 낮춰서 밥알이 퍼질 때까지 5분간 익힌 다음 불을 끄고 5~10분간 뜸을 들여요.

8. 작은 볼에 대파와 홍고추를 넣고 나머지 재료도 모두 넣고 섞어서 양념장을 만들어요.

- 가지밥에 소고기를 볶아서 넣거나 다른 나물을 더해서 비벼 먹으면 더욱 맛있어요.

PART **5** 밥과 반찬을 동시에 해결하는 한 그릇 요리

모짜렐라치즈김치볶음밥

김치볶음밥에 모짜렐라치즈가 들어가면 맛있을 수밖에 없죠!
촉촉한 달걀찜까지 더해서 더욱 특별한 조합으로 완성해요.

재료
밥 2공기(420g), 김치 1/4쪽(450g), 달걀 3개, 베이컨 2장, 모짜렐라치즈 60g, 대파 1대, 간장 2큰술, 고춧가루 1큰술, 설탕 1큰술, 식용유 3큰술

만들기

1. 김치를 1cm로 썰고, 베이컨과 대파도 비슷한 크기로 썰어요. 작은 볼에 달걀을 깨뜨려 넣은 다음 거품기나 포크로 풀어서 달걀물을 만들어요.

2. 약한 불에 프라이팬을 올리고 식용유를 둘러요. 대파를 넣고 볶다가 향이 올라오면 베이컨을 넣고 볶아요.

3. 간장과 설탕을 넣고, 설탕이 녹을 때까지 젓다가 김치와 고춧가루를 넣고 한소끔 볶아요. 김치가 투명해지면 불을 꺼요.

4. 밥을 넣고 비벼요. 센 불로 올리고 밥에 불맛을 입히며 볶은 다음 불을 꺼요.

5. 밥을 그릇에 담아요. 오목한 팬에 그릇을 뒤집고, 살살 흔들어 올려서 밥을 가운데에 담아요.

6. 약한 불에 팬을 올리고 달걀물을 빙 둘러요. 모짜렐라치즈를 달걀물에 넣고 뚜껑을 닫아서 녹여요.

엄마의 손맛 TIP

- 불을 끄고 밥을 비비면 뭉치지 않고 다른 재료와 잘 섞여요.
- 달걀물이 촉촉하게 익어야 맛있어요. 눈으로 보면서 적당히 익은 것 같으면 불을 꺼요.

PART **5**　밥과 반찬을 동시에 해결하는 한 그릇 요리

꼬마김밥

사이즈만 꼬마! 일반 김밥보다 간단하고 맛있게 만들어요.
접시 가득 쌓아서 한 끼 식사로, 든든한 간식으로 먹어요.

재료

밥 3공기(630g), 김 10장, 달걀 3개, 김밥용 햄 5개, 맛살 5개, 단무지 5줄, 당근 2개(140g), 시금치 1단(200g), 소금 1과 1/2큰술(+1꼬집), 참기름 1과 1/2큰술, 식용유 약간

만들기

1 시금치는 뿌리를 잘라내고 상한 잎을 떼어낸 다음 깨끗이 씻어요. 센 불에 냄비를 올리고 물을 부은 다음 물이 끓어오르면 시금치를 넣어서 50초간 데쳐요. 시금치를 건져서 찬물에 헹군 다음 물기를 짜요.

2 볼에 시금치와 소금 1/2큰술, 참기름 1/2큰술 넣고 무쳐요.

3 다른 볼에 달걀을 깨뜨려 넣어요. 소금 1/2큰술을 넣고 풀어서 달걀물을 만들어요. 약한 불에 프라이팬을 올리고 식용유를 둘러요. 달걀물을 부어서 지단을 부친 다음 돌돌 말아서 길게 썰어요.

4 당근은 채 썰고, 햄과 맛살, 단무지는 절반 길이로 잘라요.

5 팬에 당근과 소금 1꼬집을 넣고 볶은 다음 덜어둬요. 햄과 맛살도 각각 볶은 다음 덜어둬요.

6 볼에 밥과 소금 1/2큰술, 참기름 1큰술을 넣고 섞어요.

7 김은 가위로 4등분해요.

8 김 위에 밥을 얇게 펼친 다음 모든 재료를 올리고, 끝에서부터 돌돌 말아요.

• 밥에 참기름을 너무 많이 넣으면 밥알이 떡처럼 질어지니 약간만 넣어요.

PART **5** 밥과 반찬을 동시에 해결하는 한 그릇 요리

김치비빔국수

아삭아삭 씹히는 김치가 입맛을 확 사로잡는 일품 요리.
더위로 지친 여름에 신선한 오이를 더해 시원하게 즐겨요.

재료

소면 180g, 달걀 1개, 오이 1개, 소금 1/2큰술

양념

김치 1/7쪽(250g), 고추장 2/3큰술, 올리고당 1큰술, 매실액 1큰술, 참기름 1큰술, 김치국물 1/4컵 (50ml)

만들기

1. 오이를 깨끗이 씻은 다음 위아래의 꼭지를 잘라내요. 어슷하게 썬 다음 채 썰어요.

2. 김치는 송송 썰어요.

3. 볼에 김치를 담고, 나머지 재료도 모두 넣고 섞어서 양념을 만들어요.

4. 센 불에 냄비를 올리고 물을 부어요. 달걀을 넣고 삶은 다음 건져서 껍질을 까요.

5. 센 불에 냄비를 올리고 물을 부어요. 소면과 소금을 넣어요. 물이 끓어오르면 찬물 1컵을 부어요. 이 과정을 세 번 반복하고 나서 소면을 건져요.

6. 소면을 찬물에 헹궈서 열기를 빼고, 물기를 짜요.

7. 양념에 소면을 넣고 버무려요. 통깨를 넣고, 오이와 달걀을 올려요.

엄마의 손맛 TIP

• 단맛을 더하고 싶으면 설탕 1큰술을 추가해요.

PART 5 　밥과 반찬을 동시에 해결하는 한 그릇 요리

장칼국수

기온이 뚝 떨어진 날이면 더욱 땡기는 장칼국수.
얼큰하고 진한 국물이 속을 든든하게, 몸을 따뜻하게 만들어줘요.

재료

칼국수면 2인분, 달걀 2개, 감자 1개, 양파 1/2개, 애호박 1/3개, 대파 1/2대, 청양고추 1개, 국물용 멸치 1줌(20~30마리), 다시마(10x20cm) 1장, 된장 1/2큰술, 고추장 2큰술, 국간장 1큰술, 다진 마늘 1큰술, 물 10컵(2L)

만들기

1. 센 불에 오목한 팬을 올리고 물을 부어요. 국물용 멸치와 다시마를 넣고 물이 끓어오르면 다시마를 건져낸 다음 5~7분 더 끓여서 육수를 만들어요.

2. 감자와 양파, 애호박은 채 썰고, 대파와 청양고추는 어슷하게 썰어요.

3. 육수에 감자와 양파를 넣어요. 된장과 고추장을 체에 담아 숟가락으로 거르면서 풀어요.

4. 칼국수면을 물에 헹궈서 밀가루를 제거한 다음 육수에 넣고 3분간 끓여요.

5. 중간 불로 낮춰서 애호박과 대파, 청양고추, 국간장, 다진 마늘을 넣고 한소끔 끓여요.

6. 작은 그릇에 달걀을 깨뜨려 넣은 다음 거품기나 포크로 풀어서 달걀물을 만들어요. 팬에 빙 둘러서 부은 다음 불을 꺼요.

- 간을 더하고 싶으면 간장이나 소금을 넣어요.

엄마의 가정식

초판 1쇄 발행 2023년 4월 14일

지은이 오순희
사진 윤기남
펴낸이 김영조
책임편집 김희현
콘텐츠기획팀 김희현
디자인팀 정지연
마케팅팀 김민수, 구예원
제작팀 김경묵
경영지원팀 정은진
펴낸곳 싸이프레스
주소 서울시 마포구 양화로7길 44, 3층
전화 (02)335-0385/0399
팩스 (02)335-0397
이메일 cypressbook1@naver.com
홈페이지 www.cypressbook.co.kr
블로그 blog.naver.com/cypressbook1
포스트 post.naver.com/cypressbook1
인스타그램 싸이프레스 @cypress_book
　　　　　　싸이클 @cycle_book

출판등록 2009년 11월 3일 제2010-000105호

ISBN 979-11-6032-198-2　　13590

- 이 책은 저작권법에 따라 보호를 받는 저작물이므로 무단 전재 및 무단 복제를 금합니다.
- 책값은 뒤표지에 있습니다.
- 파본은 구입하신 곳에서 교환해 드립니다.
- 싸이프레스는 여러분의 소중한 원고를 기다립니다.